SARAH BOSETTI

«Wer Angst hat, soll zuhause bleiben!»

Poesie gegen Populismus

Rowohlt Taschenbuch Verlag

5. Auflage Januar 2024
Originalausgabe
Veröffentlicht im Rowohlt Taschenbuch Verlag,
Hamburg, April 2023
Copyright © 2023 by Rowohlt Verlag GmbH, Hamburg
Covergestaltung zero-media.net, München
Satz aus der Karmina bei Pinkuin Satz und Datentechnik, Berlin
Druck und Bindung CPI books GmbH, Leck
ISBN 978-3-499-01249-5

INHALT

ICH GEGEN ICH GEGEN ICH

WIR GEGEN DEN KRIEG

Für Mila

VORWORT

Erinnert ihr euch noch daran, wie Beatrix von Storch auf der Maus abgerutscht ist? Oder wie sie, als es um den Klimawandel ging, die Sonne verklagen wollte? Oder wie Donald Trump vorgeschlagen hat, sich Desinfektionsmittel gegen Corona zu spritzen? Oder an Gaulands Vogelschiss-Bemerkung? Oder daran, wie Horst Seehofer sich darüber gefreut hat, dass an seinem neunundsechzigsten Geburtstag neunundsechzig Flüchtlinge nach Afghanistan abgeschoben wurden?

Das ist das Niveau, auf dem die Mächtigen dieser Welt über die wichtigen politischen Fragen unserer Zeit sprechen. Deshalb müssen wir darüber reden, wie wir über die Welt reden.

Die beste aller Welten ist eine Katastrophe. Nein, schlimmer: Sie ist voller Katastrophen. Von allen Seiten winkt der Weltuntergang. Corona, Klimawandel, Krieg, Inflation, das Ego von Richard David Precht – es ist alles schwierig auszuhalten. Doch das Tröstliche ist: All die Probleme, die es auf der Welt gibt, sind lösbar. Außer dem Tod und außer der Liebe, daran werden wir für immer verzweifeln. Aber alle anderen. Das ist doch schön! Wir sind nicht ohnmächtig. Wir können handeln, und wir wissen in den meisten Fällen sogar, was zu tun ist. Fast alle Krisen sind zu meistern, wenn wir ihnen mit ehrlicher Vernunft begegnen – was wir mit beeindruckender Konsequenz nicht tun.

Ich habe eine gewagte These: Die größte Gefahr für die Menschheit sind nicht Klima, Krieg und Katastrophen, sondern der Populismus. Weil er so ein schönes Mittel ist, um alle Gefahren zu ignorieren und alle Lösungen zu verhindern. Weil er dafür sorgt, dass jede vernünftige Debatte unter einem Berg aus Rhetorikmüll erstickt. Deshalb müssen wir den Populismus bekämpfen. Mit allem, was wir haben. In Zeiten von Fake News, Diskriminierung und Diskursverschiebung kann sich die Demokratie keine Wehrlosigkeit leisten. Auch wenn es mir im pazifistischen Herzen wehtut, rüste ich deshalb auf, sammle meinen Kampfgeist und fahre die schärfste Waffe auf, die mir zur Verfügung steht:

Ich schreibe Gedichte. Poesie gegen Populismus.

WIR GEGEN DIE

«Diese
Bundesregierung
hat Millionen illegale
Menschen ins Land
gelassen.»
— Björn Höcke

*Der Vorsitzende der AfD Thüringen in der
Bundespressekonferenz am 31. August 2015
in Bezug auf die Flüchtlingskrise 2015/2016*

Lieber Björn,

Menschen sind nicht immer schön
Sie riechen, wenn man sie nicht wäscht
Sie können ziemlich obszön stöhn'n
Und sich kratzen am Gemächt

Sie töten Tiere nur zum Scherz
Sie lassen sich von Trump betör'n
In manchen schlägt ein gutes Herz
Doch and're heißen leider Björn

Den Mensch zu lieben ist nicht leicht
Doch selbst erscheint's dir wie 'ne Qual
Dann merk dir, dass ein Grundsatz reicht:
Kein. Mensch. Ist. Illegal.

«Der Islam gehört nicht zu Deutschland.» — Horst Seehofer

Der damalige Bundesinnenminister (CSU) am 16. März 2018 im Interview mit der BILD. Er ergänzte: «Die bei uns lebenden Muslime gehören aber selbstverständlich zu Deutschland.»

Ach Horst,

Ich wär so gern so schlau wie du
Du erklärst die Welt so schön
Stattdessen steht mir nicht mal zu
Den Sinn in deinem Wort zu seh'n

Ich bin einfach nicht klug genug
– Ich weiß, ich bin halt auch kein Mann –
Obwohl du weise Worte sprichst
Ist alles, was ich denken kann:

Wenn Muslime Teil von Deutschland sind
Und der Islam Teil der Muslime

Dann muss daraus doch logisch folgen
Nach mathematischer Maxime

Dass Deutschland Obermenge ist
Für einen Teil auch des Islams
Man muss ihn dafür nicht mal mögen
Es reicht die Regel des Verstands

Es ist ein bisschen wie bei dir:
Dein größter Fan bin ich jetzt nicht
Doch scheint's bisweilen – längst nicht immer –
Als seist du Mensch, genau wie ich

Solang du Teil der Menschheit bist
Und mag mich das auch mild empör'n
Ist es also unumgänglich
Dass du und ich zusamm'gehör'n

«Es ist schrecklich, dass #MahsaAmini im Polizeigewahrsam in Teheran gestorben ist.» — Olaf Scholz

Der deutsche Bundeskanzler (SPD) am 23. September 2022 auf Twitter in Bezug auf den gewaltsamen Tod von Jina Mahsa Amini am 16. September 2022, der im Iran zu landesweiten Protesten gegen das autoritäre Regime geführt hat

Man könnte fast meinen, mein lieber Herr Scholz
Der Tod dieser Frau sei nicht Schuld des Regimes
So, wie Sie es schreiben – ich hoff', Sie sind stolz –
Ist plötzlich zu sterben ihr eig'ner Verdienst

So geht das nämlich, will man weiter handeln
Ein Arschkuss, getarnt als Diplomatie
Es ist nicht so einfach, die Herrscher zu wandeln
Viel leichter der Vorwurf an Frau Amini

Ja, es ist schrecklich, was die Frau gemacht hat
Wie kann sie es wagen, fällt einfach tot um!
Schrecklich der Ärger, den sie angelacht, statt
Sich brav zu verhalten und fügsam und stumm

Wer mir wirklich leidtut in diesem Drama
Sind jedoch Sie, die das Kanzleramt führen
Ihr Job, der zwingt Sie zu stetem Gelaber
Zu Dingen, die Sie kein bisschen berühren

Sie müssen sich äußern, Sie müssen was sagen
Die Welt verlangt, Ihre Stimme zu hör'n
Sie woll'n keine Meinung, Sie wollen nichts wagen
Drum ist das, was rauskommt, meist eher verstör'nd

Kaum hat man's gehört, will man's gleich verdrängen
Doch gutem Gedächtnis gelingt das oft nicht
Drum scheint nun im Anblick all dieser Zwänge
Ihr Hang zum Vergessen in ganz neuem Licht

«Die sozialdemokratischen Frauen Europas stehen solidarisch an der Seite der Frauen im #Iran [...]»
— SPD-Parteivorstand

Am 14. Oktober 2022 auf Twitter

«An alle Frauen im #Iran, der #Ukraine, in #Afghanistan oder in Saudi Arabien — Wir stehen an eurer Seite.»
— Omid Nouripour

Der Grünen-Vorsitzende am 15. Oktober 2022 auf Twitter

«Ich bin mir ganz sicher,
dass wir alle hier fest an
der Seite der Frauen im Iran
stehen.»
— Katja Leikert

Die Bundestagsabgeordnete (CDU)
am 12. Oktober 2022 im Bundestag

«Freiheit ist weiblich!
Wir stehen an der Seite der
mutigen Frauen im Iran!»
— Ria Schröder

Die Bundestagsabgeordnete (FDP)
am 28. September 2022 auf Twitter

Liebe Frauen im Iran,

Ich steh nicht an eurer Seite
Selbst auch teil' ich eure Wut
Wer das sagt, verkennt die Weite
Die uns trennt in Raum und Mut

Ich bin hier und ihr seid da
Was euch trifft, das trifft mich nicht
Weder Kugeln noch Gefahr
Noch das Herz, das in euch bricht

Ich seh euch nur digital
Auf Bildern, spende euch Applaus
Vielleicht wein' ich sogar mal
Doch dann bin ich wieder raus

An der Seite einer Heldin
Ja, so säh auch ich mich gern
Doch zwischen mir und euch sind Welten
Und ihr seid die, die sie durchquer'n

Ich steh nicht an eurer Seite
Ich steh hinter euch und staune
Und ich sehe, wie ihr leidet
Ich steh hinter euch, ich raune

Und ich flüster was von Zeit
Um euch als Echo beizusteh'n
Ich steh hinter euch, ganz weit
In eurem Schatten kaum zu seh'n

«Merksatz für alle, die jetzt
‹fest an der Seite der Frauen im
Iran und Afghanistan stehen›:
Je mehr junge Männer aus diesen
islamischen Diktaturen zu uns
kommen, desto mehr wird unser
Land wie Iran und Afghanistan.»
— Julian Reichelt

*Der rechtspopulistische YouTuber
am 16. Oktober 2022 auf Twitter*

Herr Reichelt,

Ich weiß, Sie sind für Feminismus
Wie Einstein einst für die Physik
Ein Vorreiter, Ihr Altruismus
Ist unerreicht und unbesiegt

Ich spreche, glaub ich, hier für alle:
Sie sind unser Frauen Schild
Ob Muslima, Mutter, Christin
Ob Praktikantin bei der BILD

Ich möchte einfach «Danke» sagen
Für Ihre Kraft, wo ich verzage
Und ich würd mich nie beklagen
Ich hab nur eine Logikfrage:

Der Mensch ist ja im Allgemeinen
Recht bequem und faul im Kern
– Sie kennen das von sich beim Denken –
Der Mensch verlässt sein Heim nicht gern

Wer also von zuhause flieht
Ist das nun echt der Islamist?
Wer ins Unbekannte zieht
Ist das nicht der, der anders ist?

Der keinen Krieg will und kein Leid
Den man verfolgt, dem Strafe droht?
Der in Gefahr ist, sich befreit
Von Gefängnis, Folter, Tod?

Ich könnte sagen: mir egal
Frauen, Männer, Kinder, Vieh
Sind ein Gewinn für dieses Land
Solang' sie nicht so sind wie Sie

Doch heute geht's mal nicht um Hetzer
Ja, auch das soll's manchmal geben
Es geht – und sorry für das Pathos –
Es geht um Frauen, Freiheit, Leben

«Wir sprechen hier über Leute, die eigentlich in Deutschland nichts zu suchen haben. [...] Sprechen Sie mal mit Lehrerinnen und Lehrern in den Grundschulen. Was die jeden Tag erleben, auch an verbaler Gewalt. Und dann wollen sie diese Kinder zur Ordnung rufen, und die Folge ist, dass die Väter in den Schulen erscheinen und sich das verbitten, insbesondere, wenn es sich um LehrerINNEN handelt, dass sie ihre Söhne, die kleinen Paschas, [...] zurechtweisen.»
— Friedrich Merz

Der CDU-Vorsitzende am 10. Januar 2023 in der Sendung Markus Lanz (ZDF) zu den Ausschreitungen in der Silvesternacht 2022/23 in Berlin

Herr Merz,

Ich weiß, Sie sind für Feminismus
Wie Einstein einst für die Physik ...
Nein, mal im Ernst, was hat Rassismus
Dass er selbst Sie zum Gendern kriegt?

Lieben Sie Rassismus mehr
Als Sie den Feminismus hassen?
Oder spült er seit jeher
Mehr Wählerstimmen in die Kassen?

Klar, Migrantenkindern rinnen
Die Privilegien aus dem Schlund
Die Mächtigen sind Grundschulkinder
Mit Migration im Hintergrund

Nicht etwa weiße Oberschichtler
Juristensöhne, Millionäre
Die wahren Patriarchatsgesichter
Der Quell der weiblichen Misere

Sind kleine Paschas und ihr Vater
Die ruchlos Lehrerinnen quälen
Dazwischen Sie als adäquater
Frauenheld – Ich würd Sie wählen

Nein, echt! Sie machen alles richtig
Sie sind nun mal ein starker Mann
Der es, und das zu seh'n ist wichtig
Mit Grundschulkindern aufnehm'n kann

«Das Kopftuch ist die Flagge
des Islamismus. [...]
Als Symbol ist es eine Art
‹Branding›, vergleichbar mit
dem Judenstern. [...]
Ich finde es selbstverständlich,
daß wir uns an Ländern
wie Frankreich ein Beispiel
nehmen und das Kopftuch in
der Schule und im Kinder-
garten untersagen, für Lehrerinnen und Schülerinnen.»
— Alice Schwarzer

Die Publizistin am 4. Juli 2006 in der FAZ

Frau Schwarzer,

ich kann mit Religion nichts anfangen. Egal mit welcher. Und ich finde das Kopftuch auch furchtbar. Die Idee dahinter ist sexistisch, und es fällt mir schwer, darin etwas anderes zu sehen als den Herrschaftsanspruch von Männern, die der Kontrolle ihrer eigenen Triebe nicht trauen, und die sich, weil sie eigentlich wissen, dass Frauen ihnen nie gehört haben und nie gehören werden, auf einen Schöpfer berufen wie reiche Anwaltssöhne auf ihren Papi. Das sind meine ehrlichen Gefühle zum Kopftuch. Ich kann mich da überhaupt nicht reindenken. Weil ich nicht religiös bin. Mich wundert manchmal, dass Christ*innen das nicht besser können. Die haben doch zumindest dieses «Gott sagt, was richtig und was falsch ist, und danach richte ich mich»-Prinzip verinnerlicht.

Also: Ich finde es furchtbar. Aber glücklicherweise ist mir klar, dass meine Gefühle zum Kopftuch zu den irrelevantesten auf diesem Planeten gehören. Wie Ihre übrigens auch. Keine erwachsene Frau sollte und keine erwachsene Frau wird sich von Ihnen oder mir erzählen lassen, ob auf ihren Kopf ein Stück Stoff gehört oder nicht. Es gibt Frauen, die ihr Kopftuch als emanzipatorischen Akt tragen. Oder für die es identitätsstiftend ist. Das muss ich nicht nachvollziehen können, aber ich muss und möchte es tolerieren. Ich habe kein Recht und kein Bedürfnis, anderen Menschen zu sagen, wie sie rumlaufen sollen. Oder ihnen zu verbieten, ihr Leben so zu führen, wie sie wollen, solange sie nicht andere Menschen damit gefährden oder beeinträchtigen. Und da ungefähr dasselbe in etwas schickeren Worten in Artikel 2 unseres Grundgesetzes steht, ist es absurd, von einem Staat, in dem zudem Religionsfreiheit herrscht, zu verlangen, dass er sich anders verhalten soll als ich.

Es ist kein Widerspruch, gegen einen Kopftuchzwang und zugleich gegen ein Kopftuchverbot zu sein. Wer es als feministischer ansieht, Frauen etwas zu verbieten als sie zu etwas zu zwingen, hat den Feminismus nicht verstanden. Es geht nicht um das Tuch, es geht um Selbstbestimmung. Es gibt Frauen, die ein Kopftuch tragen wollen. Weil sie finden, dass das richtig ist. Weil sie es glauben. Das können Sie und ich für Unsinn halten, aber das ist kein Argument, es ihnen zu verbieten. Klar, einige glauben vielleicht auch nur, das Kopftuch tragen zu wollen. Weil sie so aufgewachsen sind. Weil es Männer und Frauen in ihrem Leben gibt, die das wollen. Weil sie Menschen lieben, die das richtig finden. Im schlimmsten Fall, weil Menschen, die sie lieben, sie dazu zwingen. Das kann ich unerträglich finden. Ich kann ihnen vorwerfen, als Lehrerinnen ein schlechtes Vorbild zu sein. Aber wie würde der Zwang, das Kopftuch abzulegen, ihre Freiheit erhöhen? Natürlich mag die «Schaut her, kopftuchtragende Frauen, wir bieten euch ein Verbot als Ausrede, damit ihr euch nicht selbst gegen den sozialen Druck eures Umfeldes wehren müsst!»-Taktik in einigen Fällen funktionieren.

Aber sie ist entmündigend. Genau wie der Gedanke: Du glaubst vielleicht, das zu wollen, aber ich weiß es besser!

Ich dachte, Frau Schwarzer, das eigentliche Ziel sei nicht, alle Frauen dazu zu bringen, ihr Kopftuch abzulegen. Ich dachte, das Ziel sei, dass keine Frau entmündigt wird. Aber vielleicht habe ich da etwas falsch verstanden.

Ich finde, um mal einen schön schiefen Vergleich anzubringen, dass Frauen an jedem Ort ihre Brüste entblößen und oben ohne rumlaufen dürfen sollten, an dem es auch Männer dürfen. Weil der einzige Grund, dagegen zu sein, die übertriebene Sexualisierung der weiblichen Brust ist – also Sexismus. Wenn es nun aber zum Beispiel im Schwimmbad Frauen verboten wäre, ihre Brüste zu verdecken, würde ich da nicht mehr hingehen. Weil ich mich unwohl fühlen würde. Zu entblößt, zur Nacktheit gezwungen. Weil auch ich mit dem sexualisierten Blick auf die weibliche Brust aufgewachsen bin. Weil ich damit aufgewachsen bin, dass die Verhüllung angemessen ist. Für eine solche Prägung braucht es also nicht mal einen Gott. Und man kann darüber diskutieren, ob es richtig ist, so geprägt zu werden, aber das ändert nichts daran, dass die Gefühle echt sind.

Es fühlt sich ein bisschen unangemessen an, die Kopftuchdebatte mit Brüsten zu verbinden. Aber hey, immerhin nicht unangemessener als das, was Sie tun: Frauen sagen zu wollen, was sie wo tragen dürfen.

«Burkas, Kopftuchmädchen, alimentierte Messermänner und sonstige Taugenichtse werden den Sozialstaat nicht sichern.» — Alice Weidel

Die AfD-Abgeordnete am 16. Mai 2018 im Bundestag

Liebe Alice Weidel,

ich habe eine Entdeckung gemacht. Wenn man bei Twitter oben ins Suchfeld «Ali» eingibt, kommt als erster Vorschlag Ihr Name: Alice Weidel. Das finde ich schön. Nicht nur leben Sie in einer interkulturellen lesbischen Beziehung, also allem, was Ihre Partei verachtet, Sie sind in Wirklichkeit auch noch ein Mann arabischer Herkunft. Nun ist es ja so, dass Sie Männer arabischer Herkunft nicht besonders mögen. Wie geht es Ihnen also damit, im Herzen ein Ali zu sein?

Es wäre ohnehin mal interessant, Rassist*innen im

Körper eines Menschen mit Migrationshintergrund aufwachen zu lassen. Als einer von denen zum Beispiel, die Einlass begehren in das wundervolle und uns offenbar persönlich gehörende Europa.

Ich glaube übrigens, dass da richtige Arschlöcher bei sind. Bei den Flüchtlingen. Das ist doch Ihre Sorge, oder, Alice Weidel? Dass da schlechte Menschen nach Europa kommen könnten? Und ich glaube, Sie haben recht. Immerhin sind das wirklich viele Leute. Wie wahrscheinlich ist es, dass da kein Arschloch bei ist? Die Sache ist nur, erstens: Es ist völlig egal. Auch Arschlöcher haben Menschenrechte. Das dürften doch auch Sie eigentlich ganz gut finden, Frau Weidel. Und zweitens: Die Arschlochquote, also der prozentuale Anteil an Arschlöchern bei den Geflüchteten, ist wahrscheinlich genauso hoch wie die Arschlochquote in Europa. Rein prozentual wird es also keinen Einfluss auf den Arschlochgehalt Europas haben, wenn wir diese Menschen aufnehmen. Keinen. Eine wissenschaftliche Untersuchung hat ergeben: Die Arschlochquote ist in den meisten zufällig zusammengewürfelten Gruppen ungefähr gleich hoch.

Okay, die Untersuchung habe ich gerade erfunden. Sie ist trotzdem wahr! Außer vielleicht bei Parteitagen Ihrer Partei, Frau Weidel. Da ist die Arschlochquote, na ja, anders. Aber sonst. In Familien zum Beispiel. Es gibt keine einzige, wenngleich noch so nette Familie, bei der Gott nicht irgendwann gedacht hat: Ah, da fehlt noch das Quotenarschloch! Und das Faszinierende am

Quotenarschloch ist die damit einhergehende statistische Unmöglichkeit. Denn man ist es nie selbst. Außer, jemand denkt: Nö, bei uns gibt's so was nicht! Dann ist dieser Jemand wahrscheinlich das Quotenarschloch.

Und das wird bei den Geflüchteten nicht anders sein. Aber neben den unsympathischen stehen da halt auch gute Menschen. Liebende, rücksichtsvolle, warmherzige, gute Menschen. Stellen Sie sich vor, Sie seien einer davon, Frau Weidel.

Der Philosoph John Rawls hat einen hypothetischen Urzustand ersonnen, in dem wir über die Gerechtigkeitsprinzipien unserer Gesellschaft entscheiden, ohne zu wissen, welche Position wir anschließend in der Gesellschaft bekommen würden. Noch viel schöner wäre aber doch, wenn wir zu jedem Zeitpunkt in den Körper und ins Leben einer anderen Person versetzt werden könnten. Wer seinen Partner betrügt, kann zum betrogenen Partner werden, Harvey Weinstein zu einer jungen Frau und Sie, Alice Weidel, könnten zu Ali werden. Ihre gesamte Partei könnte morgen mit dunkler Hautfarbe aufwachen oder mit einem zerbombten Haus in Syrien. Nichts würde wohl schneller zum Ende der AfD führen als das. Und was sagt es über eine politische Partei aus, wenn sie zu Nichts zerfallen würde, sobald ihre Mitglieder von ihrem eigenen Programm betroffen wären? Du kennst die Antwort, Ali Weidel, du kennst die Antwort.

«Immer diese #Reichsbürger, die kleine Mädchen auf dem Schulweg meucheln!» — Sven Tritschler

Der stellvertretende Vorsitzende der AfD-Fraktion im Landtag Nordrhein-Westfalen am 7. Dezember 2022 auf Twitter in Bezug auf die Großrazzia in der Reichsbürgerbewegung am 7. Dezember sowie den am Vortag in Illerkirchberg verübten Mord an einem vierzehnjährigen Mädchen durch einen Mann aus Eritrea

Ja, immer diese Männer
Die grausam kleine Mädchen meucheln
Und immer diese Menschen
Die, wenn's grad passt, Bestürzung heucheln

Facebook-User: «[...] Wollt Ihr etwa Frauen mit Kindern an der grünen Wiese den Zutritt mit Waffengewalt verhindern?»

Beatrix von Storch: «Ja.»

Die damalige AfD-Chefin am 31. Januar 2016 auf Facebook zum Thema Grenzschutz. Laut Spiegel erklärte sie anschließend, ihre Zustimmung zur Waffengewalt gegen Kinder sei ein technischer Fehler gewesen. Sie sei auf der Maus abgerutscht. Außerdem ergänzte sie: «Gegen Kinder ist der Schusswaffeneinsatz richtigerweise nicht zulässig. Frauen sind anders als Kinder verständig.»

Frau von Storch,

Natürlich woll'n Sie keinen Kindern auflauern
Das war bloß ein Fehler, das ist sicher wahr
Denn so was passiert uns allen ja dauernd:
Mit der Maus abgerutscht und schon steht da «Ja»

Doch stört mich die fast feministische Aussage
Dass Frauen angeblich verständig seien
Ich dachte ja auch, dass Frauen was draufhaben
Nach oben gehören und in vorderste Reihen

Doch nun ist's ja so, dass Sie eine Frau sind
Und wohin Ihre kruden Gedanken Sie lenken
Was aus Ihrem Kopf oder Herzen herausrinnt
Lässt mich Feminismus ganz neu überdenken

«Ja, wir bekennen uns zu unserer Verantwortung für die zwölf Jahre. Aber, liebe Freunde, Hitler und die Nazis sind nur ein Vogelschiss in über 1000 Jahren erfolgreicher deutscher Geschichte.»
— Alexander Gauland

Der damalige AfD-Bundessprecher am 2. Juni 2018 auf dem Bundeskongress der Jungen Alternative

Es gibt Sätze, Herr Gauland, die ganz dringend vor dem «Aber» enden sollten.

«Ich habe mit Erschrecken festgestellt, dass meine Partei ein Sammelbecken rechtsextremistischen Gedankenguts ist, weshalb ich nun eine Kursänderung der AfD in moralisch weniger fragwürdige Gewässer anstrebe.»
— Tino Chrupalla

Der Bundessprecher der AfD über seine Partei

Ja, okay, das hat er nicht gesagt. Aber manchmal
ist es schön, sich ganz kurz vorzustellen, wie die Welt
sein könnte.

«Patriotismus, Vaterlandsliebe also, fand ich stets zum Kotzen. Ich wusste mit Deutschland nichts anzufangen und weiß es bis heute nicht.»
— Robert Habeck

Der damalige Fraktionsvorsitzende der Grünen
in Schleswig-Holstein in seinem 2010 erschienenen
Buch «Patriotismus. Ein linkes Plädoyer»

Ich fürchte, du hast es noch nicht kapiert
Was bitte, was bloß soll das denn sein, Robert?
Dachtest du echt, dass man derart blasiert
Im Sturm die Herzen der Deutschen erobert?

Mit Sätzen, die schamlos Bequemlichkeit stören
Aus denen ein Mindestmaß Ehrlichkeit glotzt
Die jeden Vaterlandslover empören
Die Kontext brauchen und Kühle im Kopf?

Wüsst ich's nicht besser, hätt ich geschworen
Dass du vielleicht sogar meinst, was du sagst
Zum Populisten bist du nicht geboren
Fehlt nur, dass du dich noch selbst hinterfragst

Wie kannst du dich zeigen in praller Sonne
Mit so wenig Demagogentalent?
Mein Buch ist für Profis, du linksgrüne Nonne
Nun raus hier, bevor dich jemand erkennt

«Wir schaffen das.» — Angela Merkel

*Die damalige Bundeskanzlerin (CDU) in der
Bundespressekonferenz am 31. August 2015
in Bezug auf die Flüchtlingskrise 2015/2016*

Ach Angie,

Das ist ein wirklich schöner Satz
Er ist so kurz, prägnant und klar
Und – das ist ja eher selten –
Er ist zudem sogar noch wahr

Ist optimistisch, spricht vom Können
Von Tatendrang und von Potenz
Vom Handeln aus Moral und Güte
Vom Ausbruch aus der Dekadenz

Er atmet reine Hilfsbereitschaft
Echt, der Satz, der kann schon was!
Er hat nur drei kleine Probleme:
Das «Wir», das «schaffen» und das «das»

Fangen wir mal hinten an
Wieso soll'n wir «das» schaffen wollen?
Menschenrecht ist knappes Gut
Wenn wir das ernsthaft teilen sollen

Was bleibt davon für uns noch übrig
Bis die Moralressourcen enden?
Ja, schon klar, wir haben viel
Doch keine Tugend zu verschwenden

Punkt zwei: das «schaffen», das ist lustig
Weil streng genommen für die meisten
So direkt gar nichts zu tun ist
Wir schaffen, ohne was zu leisten

Ich mein', im Ernst, wer hätte schon
Die Flüchtlingskrise mitgekriegt
Wär sie nicht stete Titelstory
Weil das Thema so schön klickt?

Es ist ja nicht, als hätten sich
Beim morgendlichen Brötchenholen
Die Flüchtlinge im Weg gestapelt
Und uns die Schrippen weggestohlen

Nee, es stand halt in der Zeitung
Und alles, was die Menschen hier
Schaffen mussten, war zu sehen:
And're leiden mehr als wir

Punkt drei: das «Wir», was soll das heißen?
Meint das die Solidargemeinschaft?
Gibt's die? Sind wir noch verbunden?
Sind wir mehr als Lagerfeindschaft?

Ist dieses «Wir» mehr als 'ne Ehe
die sich von Streit zu Streit durchhangelt
In der es unterschwellig brodelt
Und eklatant an Liebe mangelt?

Es ist ein wirklich schöner Satz
Doch folgt, kaum dass ihn jemand spricht:
«Es gibt kein ‹Wir›, ich muss nix schaffen
Und was ihr wollt, das will ich nicht!»

Es ist ein wirklich schöner Satz
Für Sie, Frau Merkel, fast zu schön
Doch gerade jetzt, wo Sie längst weg sind:
Ich könnt' mich an den Satz gewöhn'n

Solang er etwas Gutes meint
Ist er ein Statement gegen Hass
Wir, ihr ollen Destruktiven
Wir und ihr, wir schaffen das

«Auch nach 70 Jahren hätte niemand sagen können, wo sie [die Queen] partei-politisch steht — eine fast unmenschliche Leistung in einer Öffentlichkeit, die allen ständig Positionierungen abverlangt.»
— Lenz Jacobsen und Nils Markwardt für ZEIT ONLINE

Nachruf auf Queen Elisabeth II.
am 9. September 2022

Liebe Royalty-Fans,

die Queen ist tot. Das ist vermutlich – hoffentlich – ganz okay für sie nach 96 Jahren, aber sehr traurig für alle, die sie als Mensch geliebt haben. Und für die tut es mir ehrlich leid. Es ist auch ein bisschen traurig für alle, die sie als Königin geliebt haben. Was uns schon nach vier Sätzen zur fundamentalen Frage bringt: Was ist Liebe? Ich weiß, das ging jetzt ein bisschen schnell, wir müssten uns eigentlich erst mal der Verknalltheit widmen, der unverbindlichen Zuneigung, bevor wir uns an die Liebe wagen. So lange kennen wir uns schließlich noch gar nicht. Aber die Frage drängt sich leider auf. Was ist Liebe? Für eine Königin? Projektion, was auch sonst? Wenn wir einen Menschen lieben, den wir nicht persönlich kennen, lieben wir ein Bild, ein Symbol, lieben wir nicht den Menschen, sondern die Funktion, die dieser Mensch für uns hat. Möglicherweise habe ich gerade das Gegenteil von Liebe beschrieben, aber ich möchte natürlich trotzdem niemandem seine Gefühle absprechen. Projektion ist nicht nur schlecht. Wir alle brauchen Menschen, die eine Funktion für uns erfüllen. Menschen, die für etwas stehen. Im Fall der Queen waren das, wenn man der Vielzahl der Nachrufe glauben darf, offenbar vor allem Pflichterfüllung, Beständigkeit und würdevolle Verschwiegenheit. Was man halt so schätzt an Bankberatern.

Auf *ZEIT ONLINE* stand sogar die These, die Queen sei so beliebt gewesen, weil sie «für die Möglichkeit einer unpolitischen Herrschaft» gestanden hätte. Ich weiß gar nicht, ob es so eine gute Idee ist, eine Frau in einer politischen Machtposition dafür zu lobpreisen, wie unpolitisch sie war. Als sei das etwas Positives. Oder als sei «unpolitische Herrschaft» nicht das schönste Oxymoron seit «Sozialdemokrat Olaf Scholz». Aber das absurdeste Lob, das ich über sie gelesen habe, war: «Sie war einfach immer da.»

Was für ein trauriges Kompliment! Denn wenn dein größter politischer Wert deine Anwesenheit ist, kannst du ziemlich sicher sein, dass dein Wert mit dir stirbt. Außerdem: Wie nennt man noch mal die Person, die immer mit dabei ist, aber nichts tut außer zu lächeln, zu winken und farbenfroh gekleidet zu sein? Ach ja: das Maskottchen. Und ich finde, das hat die Queen nicht verdient. Sie war eine mächtige Frau, keine unterbezahlte Studentin im Pinguinkostüm. In dieser Bereitschaft, sie als Deko wertzuschätzen, offenbart sich so viel. Zum Beispiel, wie wir auf alte Menschen blicken. Denn die meisten von uns kennen die Queen als ältere Frau. Alte Frauen, noch dazu, wenn sie sehr gepflegt sind, lustige Hüte tragen und nichts Verfängliches sagen, gelten vor allem als eines: süß. Erinnert ihr euch noch an die Szene, in der die Queen Tom Moore, einen Hundertjährigen, der durch einen Spendenlauf über 32 Millionen Pfund für den Kampf gegen Corona gesammelt hatte, zum Ritter schlug? Die beiden sahen so knuffig aus! Für solche Bilder lieben die Leute ihre Königin. Und ich verstehe das. Wenn man solche Bilder sieht, ist es leicht zu vergessen, dass das zwei Menschen sind, die in ihren vielen Jahren auf dieser Erde im Vollbesitz ihrer körperlichen und geistigen Fähigkeiten Dinge getan und Entscheidungen getroffen haben, für die sie verantwortlich sind. Man will sie einfach nur knuddeln. Man will nach ihrem Tod huldvolle Nachrufe lesen, gespickt mit jugendlichen Bildern, auf denen man die noch faltenfreie Version des Maskottchens bewundern und denken kann: Ja, irgendwie war da schon immer eine ganz besondere Ausstrahlung.

Wundert ihr euch übrigens auch manchmal darüber, wie schnell diese Nachrufe geschrieben werden? Kaum stirbt eine Person des öffentlichen Lebens, schon haben alle Zeitungen ihr nun vollendetes Leben in schöne Worte gekleidet, schon sind die Bilderstrecken und Würdigungen und Fernsehbeiträge fertig. Die Entzauberung dieses Wunders lautet natürlich: Vorbereitung. Die Redaktionen haben diese Nachrufe längst in der Schublade liegen. Und die Queen ist sechsundneunzig geworden! Da wurden vermutlich spätestens, als sie sechzig, siebzig war, wenn nicht früher, die ersten Nachrufe vorbereitet. Und ich finde es trotz des traurigen Umstands irgendwie eine schöne Vorstellung, dass in jeder Redaktion der Welt eine Person sitzt, die seit dreißig Jahren immer wieder diesen Nachruf aktualisiert. Und die auch erst in Rente gehen darf, wenn der von ihr verfasste Nachruf veröffentlicht wird. Das muss man sich mal vorstellen. Da schreibt man irgendwann in den Siebzigern einen Nachruf auf Helmut Schmidt und denkt: Na ja, Kettenraucher, wird schon nicht allzu lange dauern, meine Rente ist sicher! Und dann hört er mit sechsundneunzig noch auf zu rauchen.

Was da für ein Herzblut drinstecken muss! Die meisten Bücher werden in zwei, drei Jahren geschrieben. Aber diese Nachrufe sind jahrzehntelang gereifte Hochliteratur und Sternstücke des kritischen Journalismus. Deshalb lassen sie sich natürlich auch nicht von gefühlter Knuffigkeit beeinflussen, sondern titeln schon am Todestag der Queen knallhart:

«Symbol der britischen Kolonialherrschaft gestorben»

oder:

«Britische Besatzungsmacht um eine Vertreterin ärmer»

oder:

«Akteurin des europäischen Kolonialsystems tot»

Was? Ach so, das waren gar nicht die Titel der Nachrufe. Stattdessen wurde in den deutschen Leitmedien getitelt:

«Elisabeth die Große»

«Die Welt trauert um die Queen»

«Die königliche Versöhnerin»

«Ein solches Leben wird die Welt vermutlich nicht mehr sehen»

«She never dressed down»

Es wurde jede prominente trauernde Stimme zitiert, jeder Superlativ ausgereizt, das Wort «Würde» wundgecopyt und -gepastet, und es wurde alles besprochen, von ihrer Kleidung bis zum akribisch vorgeschriebenen Ablauf ihres Begräbnisses, und dann, erst dann, wurden noch ein, zwei kritische Artikel hinterhergeschoben. Nachdem zwei Tage lang die Diskussion über Kolonialismus in den sozialen Netzwerken tobte, schwappte sie langsam zum Beispiel zu *ZEIT ONLINE* hinüber, sodass ein Beitrag mit dem Titel «Keine Tränen für die Queen – Es ist okay, nicht traurig über ihren Tod zu sein» erschien. Die Frage, die sich stellt, ist nun natürlich: Lag zum Beispiel dieser Beitrag auch schon in der Schublade? Und zwar nicht in der Schublade der Schwarzen Autorin Meret Weber, sondern in der der Redaktion? Oder ist seine Veröffentlichung eine Folge der Debatte, die Schwarze Menschen unter anderem auf Twitter angestoßen haben?

Beides wäre natürlich falsch. Beides wäre ein Einknicken vor diesen identitätspolitisch motivierten Schwarzen, die versuchen, die Deutungshoheit über unsere weiße Geschichte zu erlangen! Was fällt denen überhaupt ein, die Queen zu kritisieren? Und dann noch direkt nach ihrem Tod? Und das bloß, weil sie vielleicht ein ganz kleines bisschen das Maskottchen des britischen Kolonialismus war? Das ist pietätlos! Und Hetze! Und Narzissmus!

Die Autorin Jasmina Kuhnke hat zum Beispiel auf Twitter geschrieben: »Liebe weiße Europäer*innen, ist euch klar, dass Schwarze nicht trauern, wenn ein weiterer Kolonisator stirbt? Sie ist alt genug. Lasst sie und das ganze Kolonialsystem endlich in Frieden ziehen!«

Und darauf haben Leute, soweit erkennbar weiße Leute, völlig sachlich und ruhig geantwortet, dass frau wissen solle, wann es Zeit sei zu schweigen, dass sie vom Hass zerfressen sei, keinen Anstand habe, eklig sei, lieber versöhnlich sein solle und die Queen sowieso keine Verantwortung für die Gräuel des Kolonialsystems trage. Und damit haben sie natürlich völlig recht! Was regen diese Schwarzen sich eigentlich auf? Habt ihr die Queen in *Paddington* gesehen? Supersüß!

Es gab noch einen Tweet, den ich tatsächlich auch ziemlich krass finde. Die Professorin Uju Anya schrieb: «Ich habe gehört, die Chef-Monarchin eines diebischen, räuberischen, genozidalen Empires stirbt endlich. Möge ihr Leiden qualvoll sein.» Und ich finde das nicht gut. Niemand sollte einem anderen Menschen Leiden wünschen. Das Ding ist nur: Das sagt sich so leicht, für mich, deren Familie und Vorfahren nicht unter der Besatzung europäischer Großmächte zu leiden hatten, für mich, die Folter, Massaker und Völkermord nicht mal vom Hörensagen kennt, deren Geburtsland nicht bis heute unter den Nachwirkungen der britischen Kolonialherrschaft ächzt, die nichts fühlt, wenn sie eine Monarchin in geraubtem Reichtum baden sieht.

Interessant ist übrigens auch, dass vor allem Schwarze Frauen auf Twitter für ihre Kritik an der Queen fertiggemacht wurden, während es kaum jemanden interessierte, dass in Irland der Tod der Queen fröhlich in Fußballstadien besungen wurde. Es ist für uns Weiße eben immer noch leichter aushaltbar, wenn andere

Weiße eine Meinung haben, als wenn diejenigen sich äußern, die wir so gerne «angry black women» nennen.

Aber ich möchte euch ein kleines Wunder präsentieren. Es ist wirklich nur klein und ändert nichts am großen Ganzen, aber es ist etwas, das so im Internet eigentlich nicht existieren darf. Die Journalistin Emina Mujagić schrieb auf Twitter: «Weiße Menschen schreiben halt echt grad so Sachen, wie: ‹Ja, über britischen Kolonialismus müssen wir reden, aber bitte nicht heute.› Euer Ernst?»

Darauf antwortete eine Person A: «Und für britischen Kolonialismus ist die Queen persönlich verantwortlich gewesen oder hätte irgendwelche Macht gehabt, Großbritannien da politisch in die Verantwortung zu nehmen?»

Darauf schrieb eine Person B: «Die politische Neutralität der Queen war keine Regel, sondern eine persönliche Entscheidung. Sie hätte jederzeit sagen können, dass sie etwaige Verbrechen des Landes nicht gut findet. Sie hat sich entschieden, das nicht zu tun.»

Darauf Person A: «Ja. Vollkommen richtig und kritikwürdig.»

Darauf Person B: «Ergo hat sie auch eine Verantwortung für die Verbrechen gegen die Menschlichkeit, die das britische Empire während ihrer Regierungszeit begangen hat?! Nicht die alleinige, aber das hat auch niemand behauptet.»

Und jetzt die völlig verstörende Antwort von Person A: «Ich stelle fest, offenbar einfach zu wenig dazu zu wissen, hätte mich daher zurückhalten und nicht äußern sollen. Danke für die Hinweise, ich nehme das ernst.»

Ja, das ist passiert. Im Internet. Auf Twitter. Es gibt vielleicht manchmal doch noch ein kleines bisschen Hoffnung für das traurige Wesen, das wir gesellschaftliche Debatte nennen.

Und was mache ich in dieser ganzen Geschichte? Ich stelle mich tapfer an die Seite der Unterdrückten! Weil ich eine von den Guten bin! Eine, die sich schon ihr Leben lang ... nicht für den Kolonialismus interessiert hat. Oder dafür, wie sie selbst bis heute davon profitiert. Aber Leute, wir alle müssen herausfinden, was unsere Talente sind. Und mein Talent liegt nun mal darin, andere Leute zu kritisieren. Alles andere wäre mir viel zu anstrengend. Mir ist nur wichtig, dass ihr – falls ich irgendwann mal bedeutend genug dafür werden sollte – das bitte nicht in meinen Nachruf schreibt.

Thomas Gottschalk: «Ich habe das ja selbst erlebt mit dem Shitstorm. In meiner grundtiefen Verehrung für Jimi Hendrix habe ich mir irgendwann eine schwarze Perücke aufgesetzt, mir ein Bandana gemacht, ich hatte auch eine Gitarre, und die ausgestellten Hosen hab ich sowieso noch —»

Steffen Hallaschka: «Und mit Blackfacing? Hast du dich schwarz geschminkt?»

Thomas Gottschalk: «Ja, ja, aber das war eine tiefe Verneigung vor Jimi Hendrix und nichts anderes. Und ich war in Beverly Hills auf einer Party, wo nur weiße Bänker waren, ich hab zum ersten Mal gewusst, wie sich ein Schwarzer fühlt.»

Der Entertainer am 30. November 2020 in der Sendung Die letzte Instanz (WDR)

Ach, Thomas, du verkannter Held
Kaum malst du dich von Stirn bis Kinn
Schwarz an, schon bist du schwarzes Schaf
Was nützt dir all dein Fame und Geld
Wenn man dir so was übel nimmt
Dich grundlos mit Verachtung straft?

Ja, wenn der Schrei der Wokeness gellt
Der Shitstorm, dem niemand entrinnt
Ist jeder froh, wenn's ihn nicht traf!
Was ist das bloß für eine Welt
In der nicht du allein bestimmst
Was andere verletzen darf?

Egal, wie du dein Schnitzel nennst
Egal, ob du das N-Wort sagst
Wenn du's doch nicht rassistisch meinst!
Jeder weiß das, der dich kennt
Und jeder weiß das, der dich mag
Dass du wie ein Rassist nur scheinst

Im Herzen bist du tolerant
Hast Freunde, alle links und bunt
Bist mitfühlend und couragiert
Im Gutsein fast schon militant
Bloß auf dem Weg vom Herz zum Mund
– Niemand weiß, was da passiert

Damit's ein jeder auch versteht:
Ein Problem gibt es erst dann

Wenn ein Weißer es erlebt
Weil er's nur dann begreifen kann

Ich als weiße deutsche Frau
Und springt mir nicht gleich an den Hals
Ich halt' Rassismus für'n Gerücht
Es lässt uns Weißen – ziemlich schlau –
Nichts anderes zu sagen als:
Nee, nee, schon gut, ick sach ja nüscht

Ich kenn' ihn nur vom Hörensagen
Und doch woll'n selbst ernannte Opfer
Uns Weiße nichts mehr sagen hören
Die, die uns zu stören wagen
Diese Privileg-Schmarotzer
Sind schlimmer noch als Klima-Gören

Und Thomas, du, du gibst dir Mühe!
Malst dich an, singst Jimis Lieder
Versuchst in Empathie zu baden
Zu schwimmen in der woken Brühe
Ich weiß, wie du dich fühlst, mein Lieber
Schon weil wir beide Locken haben

Ach, Thomas, du bist kein Rassist
Doch vielleicht, weißt du, vielleicht
Bist du ein wenig zu bequem
Zu glauben, dass man ähnlich ist
Nur weil man sich im Aussehen gleicht
Genau das ist halt das Problem

WIR
GEGEN DAS
VIRUS

«Vielen Impfpflicht-befürwortern scheint es um Rache und Vergeltung zu gehen.» — Wolfgang Kubicki

Der stellvertretende Bundesvorsitzende der FDP am 18. Dezember 2021 im Interview mit ZEIT ONLINE

Ja, okay, Monsieur Kubicki
Du hast mich wieder mal durchschaut
Ich spiel moralisch schickimicki
Doch töricht ist, wer mir das glaubt

Sah ich zuvor Ambivalenz
In der genannten Impfpflichtfrage
Versetzt nun schon die Existenz
Von Ungeimpften mich in Rage

Rache will ich für die Toten
Rache für die Langzeitkranken
Rache für die Fake News, die sich
Nun um alle Fakten ranken

Rache für die Dummheit
Die ihr in fremde Köpfe pflanzt
Rache auch für jede Demo
Auf der ihr mit dem Virus tanzt

Klar, Impfpflicht ist ambiva-was?
Komm mir jetzt nicht mit Moral!
Das Geschrei zeigt langsam Wirkung
Mir ist sogar Moral egal

Es reicht mit eurer Kinderkacke
Mit euren fantasierten Ketten
Und weil es reicht, will ich zur Strafe
Aus Rache euer Leben retten

«Wir retten in Deutschland möglicherweise Menschen, die in einem halben Jahr sowieso tot wären.»
— Boris Palmer

Der Oberbürgermeister von Tübingen (Grüne) am 28. April 2020 im Sat.1-Frühstücksfernsehen

Herr Palmer,

Sie haben diesen Satz Ende April 2020 gesagt, also relativ früh in der Pandemie. Das ist jetzt schon um einiges mehr als ein halbes Jahr her. Und natürlich haben Sie recht! Vielleicht sind heute einige der Leute, die wir durch die Maßnahmen vor Corona bewahrt haben, trotzdem schon tot. Warum also haben wir das überhaupt getan? Was ist schon ein halbes Jahr? Obwohl, ich kenne ein sechs Monate altes Baby. Das findet ein halbes Jahr wahrscheinlich viel. Und wissen Sie was? Ich glaube, auch ein Achtzigjähriger findet ein halbes Jahr viel. Zeit ist eben nur da bedeutsam, wo sie anfängt oder endet. Es ist die Arroganz der gesunden Mittelalten zu glauben, die Sache mit der Endlichkeit betreffe sie nicht. Und habe sie auch nicht zu betreffen. Das mit dem Sterben sollen mal schön die Alten übernehmen! Sterben, das machen wir nicht selbst, da haben wir Leute für!

Und ich finde die Einstellung gut. Es ist doch höchste Zeit, dass wir mal den Wert eines Menschenlebens ausrechnen! Als Währung schlage ich «Palmer» vor. Der Wert Ihres Lebens beträgt genau ein Palmer. Sie sind elf Jahre älter als ich, also ist mein Leben schon 1,3 Palmer wert. Und ein Achtzigjähriger ist nur 0,6 Palmer wert, also weniger als die Hälfte von mir. Daraus folgt: Wenn ein Achtzigjähriger ein Beatmungsgerät bekommt, dann will ich zwei Beatmungsgeräte!

Natürlich haben Sie das alles wieder gar nicht so

gemeint. Aber Sie haben es gesagt, und da Sie zwar moralisch ein höchst wunderlicher Mensch zu sein scheinen, aber vermutlich trotzdem klug sind, haben Sie es auch mit voller Absicht gesagt. Um den Diskurs zu verschieben. Um den Gedanken mal in den Raum zu stellen. Denn wenn so ein Gedanke erst mal im Raum steht, wird er zwar meist in irgendeine Ecke geschoben, aber er bleibt im Raum. Und dadurch rückt alles andere weiter in die Mitte.

Wenn ich so etwas höre, frage ich mich immer, ob die Erde von unsympathischen Menschen bevölkert ist. Aber ich glaube das gar nicht. Ich glaube nicht, dass alle Menschen schlecht sind, auch Sie nicht. Ich glaube nur, dass es die meisten Menschen anstrengt, gut zu sein. Deshalb klappt das immer nur für kurze Zeit. Wenn alle Krisen der Menschheit nur zwei Wochen dauern würden, wären wir grandios darin, sie zu meistern. Vor ein paar Jahren haben wir uns an Bahnhöfe gestellt und applaudiert, weil Flüchtlinge es bis nach Deutschland geschafft haben. Wir haben Kleider, Zeit, Geld und Essen gespendet. Aber ein paar Wochen später haben wir halt Steine auf Flüchtlingsunterkünfte geworfen. Also nicht wir wir, aber wir als Gesellschaft. Und in einer Pandemie sperren wir uns zuhause ein, tragen Masken, halten Abstand und stellen das Wohl der Risikogruppe über unser eigenes. Aber schon wenige Wochen später gehen wir mit der Risikogruppe um wie mit jeder anderen Minderheit auch: Wir sagen ihr, dass sie sich nicht so anstellen soll. Alte Menschen sterben ja eh bald. Kranke Menschen auch. Oder auch nicht. Egal, ich will shoppen gehen! Ich will Leute treffen! Ich will in den Urlaub fahren! Ich will – und das ist ja durchaus verständlich – wieder Geld verdienen! Und dann kommt durch Menschen wie Sie, Herr Palmer, die Frage auf, die erschreckenderweise immer aufkommt, wenn es um den Schutz anderer geht: «Oder soll man es lassen?»

Das war vor ein paar Jahren der Titel einer *ZEIT*-Diskussion über Seenotrettung und könnte jetzt Ihr neuer Slogan sein. Schließlich will Ihre Partei Sie ja ohnehin loswerden. Sie könnten eine neue Partei gründen. Die «Oder soll man es lassen?»-Partei. Und da Sie dann Vorsitzender sind, können Sie sich die Frage auch selbst öfter mal stellen. Wenn Sie eine Interviewanfrage bekommen, zum Beispiel. Oder wenn Sie einen Satz anfangen. Manchmal reicht es auch schon, einfach den zweiten Teil des Satzes wegzulassen. «Wir retten in Deutschland möglicherweise Menschen.» Reicht doch. So ist es sogar ein richtig schöner Satz. Den hätten Sie einfach so lassen sollen.

«Ich bin jetzt nicht der Mediziner, aber …» — Hubert Aiwanger

Der stellvertretende bayerische Ministerpräsident (Freie Wähler) am 28. Juli 2021 im Interview mit dem DLF

«Ich bin kein Mediziner, aber»
Das ist DER Satz der Pandemie
Es folgt aufs Aber labernd wabernd
'ne Vorlesung Virologie

'ne Ego-Ejakulation
Ein «Ich, mein Kind, durchschau den Schein»
Und jedem Wort gebührt ein Thron
Bist Profi längst im Laie-Sein

Was mir und dir nicht weiterhilft
Ein Wortschwall ohne Sinn und Grund
Wie wär's, wenn du mal schweigst und chillst?
Du bist kein Mediziner. Punkt.

«Ich habe Besseres zu tun.»
— Christian Drosten

Der Virologe und Institutsdirektor der Charité Berlin am 25. Mai 2020 auf Twitter als Reaktion auf eine Anfrage der BILD

Klar, Drosti, dann erzähl doch mal
Was hast du «Besseres» zu tun?
Den Kittel putzen? Viren schnupfen?
Im Bett aus reichem Ruhm ausruh'n?

Die BILD, das Bollwerk echten Anstands
Der Güte und Gerechtigkeit
Wenn die dich von der Seite antanzt
Ist zum Olymp es echt nicht weit

Selbst wenn du das nicht siehst, Banause:
Du hast zu tun, was wir dir sagen!
Du bist in unserm Herz zuhause
Als Gast hast du dort nicht zu klagen

Wir dürfen richten, geifern, glotzen
Du bist uns're Bingewatchdroge
Du bist das Pandemie-Maskottchen
Du Bilbo-Beutlin-Virologe

Wir woll'n dich töten, foltern, hängen
Des Massenmords beschuldigen
Woll'n die auf Schritt und Tritt bedrängen
Die deinen Worten huldigen

Wenn Schule zu, dann Drosten schuld!
Wenn Homeoffice, dann Drosten schuld!
Wenn Masken, Impfung, schlechtes Wetter
Drosten, Drosten, Drosten schuld!

Obwohl, ist euch schon aufgefallen
Wie niedlich der Mann zwinkern kann?
Ich glaube, ja, ich glaube, allen
Wie er erklärt! Was für ein Mann!

Mir fällt grad auf, Virologie
Hat mich schon immer interessiert!
Machst Wissenschaft zur Poesie
Ich will, ich will ein Kind von dir!

Ich lass mir von dir T-Shirts drucken
Was? Das ist dir echt zu viel?
Du find'st das übergriffig? – Tja
Pech gehabt, so läuft das Spiel

Du gehörst jetzt uns, mein Lieber
Du bist bloß Medienfigur
Wie vorher wird's für dich nie wieder
Bist halber Mensch ab heute nur

Kannst strampeln, streiten, sündigen
Kannst dich wehren, doch nie mehr
Der Öffentlichkeit kündigen
Dein Verbrechen wiegt zu schwer

Du hast – Respekt vor deinem Mut
Doch Ruhe darfst du nicht verlangen –
Getan, was sonst echt niemand tut:
Du hast 'nen Podcast angefangen

«Die Lockdown-Macher» — BILD

Schlagzeile am 4. Dezember 2021, bebildert mit Fotos der Wissenschaftler*innen Dirk Brockmann, Viola Priesemann und Michael Meyer-Hermann

Liebe BILD,

Einen Lockdown machen kann ja
In Wahrheit nur, wer ihn beschließt
Oder wer, wie's dann und wann war
Zu viele Viren grad verschießt

Doch das ist mir total egal
Auch dass ihr hier die Wissenschaft
– und manchmal endet das fatal –
Wie wertlos mit dem Pranger straft

Nein, liebe BILD, macht euer Ding
Sät Hass, der kleine Herzen heischt
Werft Menschen in den Hetze-Ring
Und seht, wie sie der Mob zerfleischt

Doch ist Viola Priesemann
– sie ist da auf dem Bild zu sehen –
Soweit ich das beurteil'n kann, 'ne Frau
Und deshalb muss da stehen:

«Die Lockdown-Macher*innen»
Nein, wirklich! Was ihr wollt, ist stören?
Dass die Guten nie gewinnen?
Und dass Menschen sich empören?

Macht Schlagzeilen wie heute
Und seht, wie wir uns echauffieren
Doch wenn ihr dann noch gendert, Leute
Dann seht ihr Köpfe explodieren

«Institutionen und Einrichtungen, die der Freizeit-
gestaltung zuzuordnen sind,
werden geschlossen.
Dazu gehören [...] Theater,
Opern, Konzerthäuser und
ähnliche Einrichtungen [...]»
— Ministerpräsidentenkonferenz
& Bundeskanzlerin

Beschluss vom 28. Oktober 2020

Liebe Bundesregierung,

erinnern Sie sich an diese «allesdichtmachen»-Aktion? Diese Videos von fünfzig Schauspieler*innen? Ich hoffe es nicht, denn alles daran war traurig, nicht zuletzt die schauspielerische Leistung der Beteiligten. Ich will auch gar nicht weiter darüber reden, das deprimiert mich nur. Bloß über eine Sache, die besonders nervt: dass das ausgerechnet Leute aus der Kulturszene waren. Immer wenn ich jetzt traurig darüber bin, dass die Theater und Clubs und Kinos unter der Pandemie zu leiden haben, denke ich: Oh nein, hoffentlich steigt nicht der unbändige Wunsch in mir auf, ein zynisches, unreflektiertes und überhebliches Video ohne konkrete Lösungsvorschläge über die Corona-Maßnahmen zu drehen, das durch seine bloße Existenz alle berechtigten Hilfeschreie aus der Kulturbranche diskreditiert! Dabei ist das ja Quatsch. Ich glaube, wir haben verlernt, einen Zustand zu bedauern, ohne ihm seine Notwendigkeit abzusprechen. Ja, die Maßnahmen machen wenig Spaß. Und ja, es ist schlimm, dass Kunst und Kultur an diesem Virus sterben. Doch nein, deshalb sollten wir nicht mehr Menschen daran sterben lassen. Aber vielleicht die Lufthansa. Nur so eine Idee, liebe Bundesregierung. Von dem Geld, das die Lufthansa von Ihnen und uns geliehen bekommt, könnte man die gesamte Kulturbranche nämlich dreimal retten.

Stattdessen gibt es nur zwei Extreme: Für die einen sind Kunst und Kultur eine verzichtbare «Freizeitgestaltung», die anderen sehen ihre Kunst schon zu wenig gewürdigt, wenn ein paar Plätze im Saal frei bleiben müssen. Ich glaube, beide haben unrecht. Vom finanziellen Aspekt völlig abgesehen, bei aller künstlerischen Eitelkeit: Wenn ein Mindestabstand im Publikum die Kunst zerstört, dann war es nie gute Kunst. Wenn ein Orchester nicht auch für nur eine Person spielen kann, dann liebt es weder die Musik noch die Menschen genug. Wenn einem Comedian vor wenig Publikum seine Witze dumm vorkommen, weil ihm das laute Gelächter fehlt, dann waren die Witze auch vorher schon dumm. Eitelkeit ist ein Luxus für bessere Tage. Ein bisschen Demut vor dem Schutz von Leben steht uns schon ganz gut. Das muss uns ja nicht daran hindern, den Wert von Kunst und Kultur zu erkennen. Und den Verlust zu spüren. Kultur ist mehr als eine Freizeitgestaltung. Kunst und Kultur leisten, was fälschlicherweise nur der Religion zugesprochen wird: Sie spenden Geborgenheit, sie helfen der Gesellschaft bei ihrer eigenen Sinnfindung. Der Verdacht von Verzichtbarkeit kann sich nur da einschleichen, wo es sie im Überfluss gibt.

Die heutige Gesellschaft hat sehr, sehr viel Kultur auf Vorrat. Wenn unser Küchenschrank immer gut gefüllt mit haltbaren, konservierten Lebensmitteln wäre, fänden wir auch Supermärkte verzichtbar. Klar, ab und zu wäre es schon schön, frisches Gemüse zu kaufen, aber man kann auch mal eine Krise lang ohne. Und man kann auch mal eine Krise lang ohne Konzerte, Lesungen, Ausstellungen und Theateraufführungen.

Aber nur, weil man haltbare, konservierte Kunst und Kultur im Küchenschrank hat. Ich glaube nicht, dass die Leute die Kultur so verzichtbar fänden, wenn dieser Schrank leer wäre. Dann müssten sie jetzt nämlich monatelang zuhause sitzen und könnten kein Netflix gucken, kein Buch lesen, keine Musik hören. Es gäbe kein Fernsehen, kein Radio, kein YouTube, keine Serienmarathons, keine Fantasyromane, keine Lyrik des poetischen Realismus, keine Gemälde und keine Tonträger mit Musik von Beethoven. Es wäre sehr, sehr still in unseren Wohnzimmern. Es wäre still, und wir wären um einiges einsamer.

Ich habe etwas getan, liebe Bundesregierung, das das Problem genauso wenig lösen wird wie alles, was Sie bisher getan haben: Ich habe der Kultur ein Gedicht geschrieben.

Natürlich lieben wir Kultur!

Wir lieben das gemeinsam Fühlen
Lieben Bühnen, lieben Bücher
Lieben das Theaterspielen
Lieben Kunst und lieben Tanz
Wir rotzen gern auf harten Stühlen
Im dunklen Saal in Taschentücher
Um uns durch unser'n Wahn zu wühlen
Wir lieben ihn, des Dramas Glanz

Natürlich lieben wir Kultur!

Wir lieben sie, wir lieben sie
Wir lieben sie! Sie schmückt so schön
Wenn's uns grad in den Alltag passt
Das Grau des kahlen Restverstands
Sie spendet Trost und Energie
Sie reflektiert, ist krass, obszön
Sie schenkt uns Halt und Herz und Hass
Doch gibt ihr das schon Relevanz?

Natürlich lieben wir Kultur!

Doch das System braucht keine Liebe
Das System braucht das System
Die Kunst kann warten, jetzt ist Krise
Wenn sie dran stirbt: nicht mein Problem!

Wir haben reichlich Kunst gespeichert
CD-Konserven, Netflix-Tanks
Hab'n Stoff auf YouTube angereichert
Und ja, wir haben Markus Lanz

Doch was, wenn dieses Polster schwindet
Weil uns die Quelle langsam stirbt?
Wenn Sang und Klang ins Nichts abschwellen
Verliert die Kunst dann ihre Erben?
Was bleibt dann noch, das uns verbindet
Und nicht im Vorratsschrank verdirbt?
Kannst Herzen nicht auf Stand-by stellen
Nicht, ohne dass sie daran sterben

«Wenn jemand Angst hat, soll er zuhause bleiben.» — Wolfgang Kubicki

Der stellvertretende Bundesvorsitzende der FDP am 11. Mai 2020 in der Talkshow ANNE WILL (ARD)

Oh, Wolfgang,
Das ist die Idee des Jahrhunderts!
Die Antwort auf alles
Wovor es uns graust
Wer Angst vor Migranten
Vorm Tod und – wen wundert's –
Der Herrschaft der Reichen hat
Bleibt halt zuhaus

Das Schöne daran:
Die Straßen sind leer!
Denn Angst ist doch
Was alle Menschen vereint
Sie wohnt in den Herzen
Sie wiegt manchmal schwer
Man braucht sie
Allein schon, um mutig zu sein

Sie hat ja meist Gründe
Du bist deshalb echt nicht
Ganz fair, wenn du angstfreie
Menschen verlangst
Denn manchmal sind Ängste
Ja durchaus berechtigt
Auch du, Wolfgang, hast doch
Vor irgendwas Angst

Angst, vegane Wurst zu essen
Ohne dass du's schmeckst
Angst, nicht zu verhüten
Deine Fehler zu vererben
Angst, dass du ein Leben lang
Dein wahres Ich versteckst
Angst, nicht zu genügen
Und vorm Verlassenwerden

Angst davor, dass dich niemand
Jemals wahrlich liebt
Losgelöst von Status, Ruhm
Und dem, was schnell verjährt
Angst vor der dunklen Ahnung
Dass es Liebe gar nicht gibt
Dass man von deiner Stärke schöpft
Doch Schwäche nicht gewährt

Angst davor, dass ein Mensch
Dich wirklich mal berührt
An einem Ort in dir, den du
Zuvor noch nicht gekannt
Angst davor, dass er dich
Zum Äußersten verführt
Und du zu spät erkennst:
Du hast dich längst verrannt

Dass er sich in dein Leben schiebt
Und du es ihm erlaubst
Dass er sagt, dass er dich liebt
Und dass du ihm das glaubst
Und vorm, wenn er dich fallen lässt
Schmerzhaften Zu-Boden-Geh'n
Und dass du es nicht schaffen wirst
Jemals wieder aufzusteh'n

Davor hast du doch Angst, oder?
Wolfgang, sag schon, sag!
Du bist doch Mensch, selbst lässt du es
Sehr selten nur heraus
Ist dir das nicht vertraut? – Okay
Ich hab ja nur gefragt
Dann bin ich wohl allein damit
Ich geh dann mal nach Haus'

«Es gibt bei den Demonstranten Rechtsextreme und Ewiggestrige, aber eben auch Bürger, die unzufrieden sind oder Angst haben um ihre Zukunft. Die kann man nicht gleich in die extreme Ecke schieben. Was wir tun müssen, ist: Nicht negieren, nicht dämonisieren, sondern ernst nehmen.»
— Volker Bouffier

Der damalige hessische Ministerpräsident (CDU) am 18. Dezember 2014 in einem Interview mit der Berliner Zeitung über die islamfeindliche Bewegung Pegida

Liebe Pegida, liebe AfD, liebe Trans- und Homophobe,
liebe Frauenfürchter, liebe Heimatklammerer,
liebe Querdenkerinnen, liebe «Ausländer fressen
unsere Kinder!»-Brüller, liebe «Die Juden regieren
die Welt»-Wimmerer und liebe CDU:

Ich hätte nicht gedacht, mich heute
Vor Herrn Kubicki zu verneigen
Doch hört auf seine Worte, Leute:
Wer Angst hat, soll zuhause bleiben!

«Ich fühlte mich wie bei Anne Frank im Hinterhaus.» — Elfjähriges Mädchen

Bei einer Querdenken-Demo in Karlsruhe am 14. November 2020

Liebe Eltern dieser Elfjährigen,
ich weiß, ihr folgt nur einem Trend, den die Querdenken-Bewegung für sich entdeckt hat: sich wie Juden im Dritten Reich zu fühlen. Das ist so ein Ding. Das macht man jetzt offenbar so. Auf Demos werden gelbe Sterne mit der Inschrift «Impfen macht frei» getragen, Leute nennen das Infektionsschutzgesetz «Ermächtigungsgesetz», Jana aus Kassel will lieber Sophie heißen, weil sie sich nun mal wie eine Freiheitskämpferin gegen die Nazis fühlt. Ich habe das selbst noch nicht ausprobiert, aber es scheint richtig gutzutun. Vielleicht wollen das ja andere auch mal versuchen. Wer Überstunden machen muss, einfach mal sagen: «Das ist ja wie im KZ hier!» Was da für ein Ballast abfallen muss! Normalerweise versucht man die eigenen kleinen Unannehmlichkeiten ja immer einzuordnen und abzugrenzen gegen das

große Leid der Welt. Aber nein, ihr macht es richtig: Scheiß auf Verhältnismäßigkeit! Maske tragen ist wie vergast werden! Wenn ihr das so fühlt, dann muss die Welt das ernst nehmen.

Es mag ein allgemeiner Trend sein, aber ich möchte euch ein besonderes Lob aussprechen. Was für ein Vergleich! Da stimmt einfach alles! Einen Geburtstag nicht richtig feiern zu können, das ist tatsächlich, wie sich vor Nazis verstecken zu müssen. Ich finde die Idee so toll, dass ich mir kaum vorstellen kann, dass sie wirklich von einer Elfjährigen kam. Da habt ihr, liebe Eltern, ganz offensichtlich ein bisschen mitgeholfen. Und Anne Frank ist natürlich das perfekte Beispiel. Sie konnte ja auch einige Geburtstage nicht feiern. Einfach, weil sie nur fünfzehn Jahre alt geworden ist. Eure Tochter ist jetzt elf. Wenn eure Tochter wie Anne Frank ist, dann sage ich euch, was jetzt kommt: Wenn eure Tochter wie Anne Frank ist, dann müsst ihr komplett untertauchen, wenn sie dreizehn ist, um nicht deportiert und ermordet zu werden. Ihr lebt also zwei Jahre lang zu acht in einer kleinen Wohnung eingesperrt, eure Tochter darf nicht laut sein und das Haus nicht verlassen, das kennt ihr ja jetzt schon von ihrem Geburtstag. Nur halt zwei Jahre lang, weil ihr – bloß zur Erinnerung – sonst deportiert und ermordet werdet. Kurz nach ihrem fünfzehnten Geburtstag werdet ihr verraten, sie wird für immer von euch getrennt und kommt mit ihrer Schwester zunächst nach Auschwitz und dann nach Bergen-Belsen. Zum Glück ist sie schon fünfzehn, denn sonst wäre sie sofort vergast worden. So hat sie immerhin noch ungefähr ein halbes Jahr zu leben. Und es ist ein schönes halbes Jahr. Sie wird ausgezogen, rasiert, kriegt eine Nummer eintätowiert, arbeitet, siecht dahin, sie infiziert sich mit Krätze, sie verliert ihre Schwester, die ein paar Tage vor ihr stirbt, und dann stirbt auch sie. Zwei Monate bevor sie befreit worden wäre. Mit fünfzehn Jahren. Begraben wird sie in einem Massengrab, ihr Todesdatum wird nicht mal mehr notiert.

So sähe das Leben eurer Tochter aus, wenn sie Anne Frank wäre. Sie ist aber nicht Anne Frank. Sie ist ein elfjähriges Mädchen in einem der momentan reichsten und sichersten Länder der Welt, das mit etwas besseren Vorbildern bestimmt zu begreifen in der Lage wäre, dass niemand sterben sollte, damit sie ihre Geburt feiern kann. Doch in einer Hinsicht hat sie es wohl tatsächlich schlechter erwischt als Anne Frank: mit ihren Eltern.

Sie ist ja keine Ausnahme auf euren Demos. Immer wieder sieht man Plakate, auf denen steht: «Anne Frank wäre bei uns!» Und das kann natürlich sein, ich will nicht für sie sprechen. Aber wenn Anne Frank noch leben würde, wäre sie jetzt über neunzig Jahre alt, also Teil der Risikogruppe. Ihr Leben und ihr Tod wären euch egal. Ihr Leben und ihr Tod sind euch egal, sonst würdet ihr ihr Leid nicht derart relativieren, um euch in eurer Bequemlichkeit suhlen zu können. Oder um es in eurer Sprache zu sagen: Ihr seid ein bisschen wie Hitler.

REICH
GEGEN ARM

«Die Kassiererin im Supermarkt darf niemals den Eindruck gewinnen, dass sie arbeitet und andere das Gleiche oder sogar mehr erhalten, wenn sie nicht arbeiten. Arbeit muss sich lohnen.» — Christian Lindner

Der Bundesfinanzminister (FDP) am 6. Januar 2023 auf Twitter

Ich habe den Eindruck, Herr Minister des Geldes
Dass «Eindruck» das wichtigste Wort hierbei ist
Es hilft – wie Sie wissen als Meister des Feldes –
Wenn man seinen Eindruck an Tatsachen misst

Kein Mensch mit 'nem Job bekommt weniger Geld
Als jemand ohne, auch im neuen System
Im Reichtum schwimmt nicht, wer Stütze erhält
Faktisch gibt's drum überhaupt kein Problem

Doch dann kommen Sie, Herr der Finanzen
Und sagen sehr eindrücklich: «Denken Sie nun
An alles, doch nicht an 'nen blau'n Elefanten
Der mehr Geld bekommt, ohne je was zu tun!

Frau an der Kasse, hören Sie mich?
Der Eindruck, das sind nur stumpfe Parolen!
Dass Schmarotzer mehr kriegen, das glauben
Sie nicht!
Oder? Soll ich's vielleicht doch noch mal wieder-
holen?»

Sie klingen wie 'n Tonband und nicht wie 'n Minister
Drum möcht' ich 'nen sehr weisen Mann nun zitier'n
Es sprach einst ein Denker, Politiker, Dichter:
«Besser ist's, gar nicht als falsch zu regier'n»

«Ich finde: Gerecht ist, wenn jeder nach seinen Fähigkeiten Chancen wahrnehmen und sein ganzes Potenzial entwickeln kann. [...] Unser Potenzial offenbart sich nun mal in der Rolle, ein Erbe angetreten zu haben und es zu entwickeln. [...] Mein Bruder hat das mal sehr treffend zugespitzt und gefragt: Wer würde denn mit uns tauschen wollen?»
— Susanne Klatten

Die BMW-Erbin und reichste Frau Deutschlands am 20. Juni 2019 im Interview mit dem Manager Magazin

Liebe Susanne Klatten,

Ich zweifle nicht an deinem Fleiß
Und an der Schwere dann und wann
Es ist nur: Du bist ziemlich reich
Bist reicher, als ich zählen kann

Hast in Milliarden abgezählt
Was andere in Tausend haben
Dein ganzes Müssen ist gewählt
Dein Start war auf der Zielgeraden

Und da stehst du, siegreich schmollend
Vom nied'ren Neid gekränkt fragst du:
«Wer würd' schon mit mir tauschen wollen?»
Die Frage, die steht dir nicht zu

Sie gehört der Unterschicht
Ich weiß, gemein, was soll ich sagen?
So schwer es vorzustellen ist:
Du kannst halt auch nicht alles haben

«Es gibt sicherlich Hunderttausende von Menschen,
die deutlich mehr Einkommen
haben als ich und die
deutlich vermögender sind
als ich, aber das, was ich
habe, reicht mir.»
— Wolfgang Kubicki

*Der stellvertretende Bundesvorsitzende der FDP
in einem Interview mit der BILD am 21. September
2021 auf die Frage, ob er sich selbst für reich halte*

Das, Herr Kubicki, sind Leute, die wir im Bundestag haben wollen! Denen das wenige, das sie haben, genug ist! Denn wenn es Hunderttausende gibt, die mehr haben als Sie, dann gibt es ja nur ein paar Millionen bis Milliarden, die weniger haben. Ich habe das mal recherchiert: Es gab 2018 in Deutschland 627 000 Menschen – und Sie müssten sich nach Ihrer eigenen Einschätzung unter ihnen befinden –, die von ihrem Vermögen leben konnten, also nicht arbeiten mussten. «Rentier» nennt man so einen Menschen. Was sich tollerweise genauso schreibt wie das Weihnachtsmann-Haustier. Sie könnten Rentier sein, lassen sich aber trotzdem dazu herab, uns in der Politik zu beglücken. Falls es also manchen Menschen so vorkommt, als seien Sie Ihres Amtes nicht würdig: Es ist andersherum. Das Amt kann froh sein, Sie zu haben! Sie könnten ja stattdessen auch einen Schlitten ziehen.

«Eine #Gratismentalität ist nicht nachhaltig finanzierbar, nicht effizient und nicht fair.» — Christian Lindner

Der Bundesfinanzminister (FDP) am 8. August 2022 auf Twitter in Bezug auf eine Fortführung des 9-Euro-Tickets

Erinnern Sie sich noch an die Punks auf Sylt, Herr Lindner? Sylt kennen Sie natürlich, den Ort, an dem die Reichen ihrer Schönheit frönen, an dem der Quadratmeterpreis ungefähr so weit über dem Bundesdurchschnitt schwebt wie die mit Gucci-Handtaschen bestückten Möwen über dem Meer. Den Ort, an dem Hummer und Champagner über Einsamkeit und schlechten Charakter hinweghelfen. Den Ort, den man vom Befall des Pöbels freigekauft hatte. Dieser Ort wurde im Sommer 2022 von Punks belagert. Schuld war natürlich das 9-Euro-Ticket, das den Schutzwall gegen das gemeine Volk zu einem Schutzwällchen degradiert hatte. Wobei ich das lustig finde. Das Teure an Sylt ist ja nicht nur die Anreise, sondern vor allem Sylt. Aber Punks wären nicht Punks, wenn sie nicht auch dafür eine Lösung gefunden hätten. Wie *Spiegel Online* berichtete, hatten sich einige von ihnen übers Internet Bier nach Sylt bestellt, um es nicht mitschleppen oder vor Ort kaufen zu müssen. Kapitalismuskritik durch *Amazon*-Bestellungen. Warum nicht?

Ich finde diese fröhliche Begegnung zwischen abgeschottetem Reichtum und allem, wovon er sich abschotten will, jedenfalls einen ganz wundervollen Anlass, um über Armut zu sprechen. Armut in Deutschland. Ich könnte Sie jetzt mit Zahlen langweilen, Herr Lindner. Ich könnte sagen, dass man in Deutschland als arm gilt, wenn man weniger als 1074 Euro pro Monat zur Verfügung hat. Dass in Deutschland über 13 Millionen Menschen in relativer Armut leben. Dass jedes fünfte Kind arm ist. Dass die wohlhabendsten zehn Prozent der deutschen Haushalte zusammen ungefähr sechzig Prozent des Gesamtvermögens besitzen ...

Herr Lindner! Wach bleiben! Ich weiß, Zahlen sind nicht Ihr Ding. Reden wir also nicht über Zahlen. Reden wir über die Leute, die versuchen, Armut in Deutschland mit ihren Geschichten darzustellen. Nein, noch besser: Reden wir darüber, wie über Leute geredet wird, die versuchen, Armut in Deutschland mit ihren Geschichten darzustellen. Das ist nämlich interessant.

Weil es zeigt, wie schwierig es ist, Menschen dazu zu bringen, sich mit dem Unglück anderer zu beschäftigen.

Es gibt auf Twitter den Hashtag #IchbinArmutsbetroffen, unter dem Menschen ihre Geschichten aufschreiben. Es macht nicht viel Spaß, das zu lesen. Es sind jammernde Menschen. Ich habe selten so viel Demütigung, Scham und Hoffnungslosigkeit auf einem Haufen gesehen. Das sind ja alles Emotionen, auf die wir wenig Lust haben. Da sind Menschen, die schimmeliges Brot essen, die sich kein Sonnenspray leisten können, keine Bücher, keinen Urlaub, deren Familien sich abgewandt haben, die krank sind und einsam, die aufgehört haben, nach Liebe zu suchen, weil sie niemandem zur Last fallen wollen, und ja, die durch das 9-Euro-Ticket plötzlich überall hinkonnten. Denn das ist ja das Ding mit Armut: Sie hält dich gefangen. Die wenigsten Menschen in Deutschland verhungern, aber viele können sich nicht aussuchen, was sie essen wollen, können nicht wegfahren, können nicht in eine Bar gehen oder ins Kino, können ihren Kindern keine Geschenke kaufen. Für gesellschaftliche Teilhabe braucht man Geld. Im Kapitalismus kein Geld zu haben, ist vielleicht das größte Tabu, das in unserer Gesellschaft noch existiert. Du musst nicht mehr an Gott glauben, du darfst Mann sein und trotzdem einen Mann küssen, du darfst Frau sein und trotzdem manchmal reden, du darfst jeden Fetisch haben. Es darf dein einziger Weg zu sexueller Lust sein, dass dich eine dreiundsechzigjährige Krankenpflegerin in Bauarbeiterklamotten mit einem in Urin getränkten Staubwedel vermöbelt – alles kein Ding. Aber wenn du sagst: «Ich weiß nicht, wie ich meinen Kindern ein Weihnachtsgeschenk kaufen soll», wird jedes Gespräch mindestens unangenehm. Wenn es nicht beendet ist. Aber wahrscheinlich ist es nicht beendet, denn viel zu verlockend ist es für dein Gegenüber, herauszufinden, wer die Schuld an deiner Misere trägt. Und nach ungefähr zehn Sekunden zu dem Schluss zu kommen: Die Schuld liegt natürlich bei dir! Und dann kommen die ungefragten Tipps: «Gib halt weniger Geld aus! Oder such dir einfach einen anderen Job! Oder geh überhaupt mal arbeiten! Ach, du bist chronisch krank? Wieso, ist Faulheit jetzt eine anerkannte Krankheit? Was, Depression? Ja, ich bin auch manchmal traurig! Komm, raff dich auf! Wer nichts leistet, darf auch keine Wünsche haben! Wenn du richtige Armut sehen willst, guck mal in andere Länder! Krieg mal dein Leben auf die Reihe! Geh an die Sonne! Hör auf, den anderen auf der Tasche zu liegen! Unsere Gesellschaft hat schon genug Probleme mit euch sozial Schwachen!» Oder, meine Lieblingsreaktion auf einen Tweet unter #IchbinArmutsbetroffen: «Hi, schonmal was von Trading und Aktien gehört? Einfach mal dein Geld bisschen anlegen, anstatt jeden Tag 10er Schachtel Marlboro rauszulassen.» Das war wahrscheinlich nicht ernst gemeint, aber es war zu schön, um ignoriert zu werden. Ich glaube, all diese Tipps lassen sich so zusammenfassen: «Ändere einfach all die Dinge an dir und deinem Leben, die du längst geändert hättest, wenn du könntest.»

Natürlich gibt es Leute, die das System ausnutzen. Natürlich gibt es faule Menschen. Aber nicht jeder Mensch ohne Geld ist faul. Es gibt viele Ursachen für Armut: Jobverlust, Krankheit, Trennung, Kinder, Diskriminierung, zum falschen Zeitpunkt Twitteraktien gekauft – es kann uns allen passieren. Nicht selten wird Armut über Generationen vererbt, weil arm zu sein eben mehr bedeutet als nur kein Geld zu besitzen. Armut bedeutet auch: schlechtere Chancen zu haben. In der Bildung, auf dem Wohnungsmarkt, in der Arbeitswelt. Gleichberechtigung bedeutet noch keine Gleichstellung. Das ist zwischen den Geschlechtern so, zwischen verschiedenen Hautfarben und eben auch zwischen Arm und Reich.

Natürlich haben Sie viel zu tun. Sie müssen Ihre Kämpfe sorgfältig wählen. Aber ich weiß nicht, Herr Lindner. Meinen Sie wirklich, dass die «Gratismentalität» von Menschen mit wenig Geld das drängendste Problem in diesem Land ist? Dass sich Menschen ihre Armut aussuchen? Und dass ein armer Mensch, egal, ob er nun «selber schuld» ist oder nicht, es gerade gebrauchen kann, verachtet zu werden? Ich mag mich irren, aber ich glaube, die wenigsten Menschen können das gebrauchen. Ja, unsere Gesellschaft hat ein Problem mit sozial Schwachen. Aber nein, damit sind nicht die Menschen mit wenig Geld gemeint.

«Ich würde mich zu der gehobenen Mittelschicht in Deutschland zählen.» — Friedrich Merz

Der Bundesvorsitzende der CDU am 14. November 2018 im Interview mit der BILD

Hi Friedrich. Ich bin die Armut. Kein Grund, so mitleidig zu gucken! Ich bin reicher als du. Reicher als all ihr Mittelstandsmillionäre zusammen. Im Ernst, wisst ihr, wie viele Menschen mir gehören? Und was ich die alles tun lassen kann? Die schuften, die leiden, die verzweifeln, die hungern für mich. Wann hat das zuletzt jemand für euch getan, he? Ihr habt doch dieses Ding, das euch manchmal verrücktes Zeug füreinander tun lässt, wie heißt das noch mal? Liebe! Die Liebe ist nichts gegen mich. Allein schon, weil sie so selektiv ist. Bei euch muss es ja immer ein ganz bestimmter Mensch sein, der ja ach so besonders ist. Mir ist das scheißegal, ich bin die Armut, ich nehm sie alle. Und dafür sind mir die Leute treu. Die wenigsten verlassen mich. Okay, vielleicht auch ein bisschen, weil sie den Wohlstand, den arroganten Sack, nicht haben können, aber mir ist egal, ob ich eure erste Wahl bin. Hauptsache, die Menschen gehen eine tiefe, unumkehrbare Bindung mit mir ein. Und am Ende kriege ich euch alle! Ich weiß, Wolfgang Kubicki und du, ihr sitzt jetzt zuhause und sagt: «Mich nicht! Mich kriegst du nicht!» Aber wisst ihr, es gibt mehr als eine Art von Armut. Materielle Armut, geistige Armut, emotionale Armut, moralische Armut. Ihr gehört mir, ihr wisst es nur nicht.

Ich besitze so viele Menschen! Wenn es eine Göttin gibt, dann mich. Über drei Milliarden Menschen gehören mir. Ungefähr 700 Millionen davon sind mir geradezu verfallen. Sie schenken mir sogar ihre Kinder. Das ist krass. Es ist mir fast schon ein bisschen unangenehm. Für die muss ich gar nichts tun. Die werden einfach direkt in meine Arme hineingeboren. Da wäre ich ja verrückt, wenn ich die wieder hergeben würde. Und dann werden die erwachsen, also zumindest die, die überleben, und dann schenken die mir auch wieder ihre Kinder! Ich will mich nicht beschweren, aber ihr macht es mir fast schon ein bisschen zu leicht. Vor allem ihr Wohlstands-Groupies, die ihr das ja ändern könntet. Aber ihr lasst es einfach passieren. Es ist so würdelos. Wie ihr den Wohlstand umgarnt, wie ihr euch an ihn ranschmeißt und ihn nur für euch selbst wollt. Nicht mal mit Kindern teilt ihr ihn, wenn es nicht eure eigenen sind.

Und vielleicht denkt ihr jetzt, ich sei hier die Böse, aber da macht ihr es euch ein bisschen zu einfach. In Sachen Diversity zum Beispiel macht ihr mir alle nichts vor. Ihr mit euren popeligen Frauenquoten. Ich besitze so viele Frauen, dass ich überlege, ob ich mal eine Männerquote einführen sollte. Aber auch Schwarze, chronisch Kranke, Menschen mit Migrationshintergrund – all die Leute, die ihr «marginalisierte Minderheiten» nennt. Bei mir sind sie die Mehrheit! Ich möchte mich bei euch bedanken. Dafür, dass ihr Leute ausgrenzt, dass ihr sie diskriminiert, dass ihr sie ausbeutet, dass ihr darauf achtet, die Bildungschancen immer schön ungleich zu verteilen. Ohne euch wäre mein Reichtum gar nicht möglich. Und in letzter Zeit gebt ihr euch ja besonders viel Mühe für mich. Euer Pandemiemanagement, vor allem das globale: ein Traum! Kurz hatte ich ja befürchtet, ihr würdet vielleicht alle zusammenhalten, würdet pandemiebedingte Wirtschaftseinbrüche als internationale Solidargemeinschaft auffangen, würdet Impfstoffe fair verteilen, aber das war dumm von mir, ich hätte mehr Vertrauen in euch haben sollen.

Ganz besonders möchte ich mich bei Wladimir bedanken. Ehrlich, seid wie Putin! Ist ja schön, wenn Leute ihre Klamotten bei Primark kaufen, aber so ein Krieg bringt mir persönlich schon ein bisschen mehr. Aber okay, solange ihr den Klimawandel ordentlich vorantreibt, macht ihr eure Sache schon ganz gut. Ist ja auch eine Win-win-Situation: Ihr könnt euer Steak essen und über die Autobahn rasen, und ich kriege meine

Fluten und Hungersnöte und Wirtschaftskrisen und vielleicht ja bald auch mal wieder eine neue Pandemie.

Ich wundere mich bloß ein wenig über euch. Ihr könntet das ja alles anders machen. Es gibt doch eigentlich genug Geld für alle. Und genug zu essen. Ihr müsstet es nur ein ganz kleines bisschen gerechter aufteilen. Stattdessen gehört der Hälfte der Menschheit nur ein Prozent des Weltvermögens. Einem Prozent von euch gehört fast so viel wie den übrigen 99 Prozent zusammen. Das ist, als würde ich in meinen kleinen Finger so viel Essen pumpen wie in meinen gesamten restlichen Körper. Und euer einziges Argument dagegen, das zu ändern, ist: «Bist du Sozialist, oder was?» Was streng genommen nicht im klassischen Sinn ein Argument ist. Aber ich will mich nicht beschweren. Ich will euch nicht auf Ideen bringen. Sonst ändert ihr das nachher wirklich noch. Und dann stehlt ihr mir meine Menschen und meinen Reichtum. Und glaubt mir: Das Letzte, was ich sein will, ist armutsgefährdet.

WISSENSCHAFT
GEGEN
WELTUNTERGANG

«Diese schwarz geklei-
deten Inszenierungen bei
verschiedenen Veran-
staltungen von immer den
gleichen Leuten erinnern
mich an eine Zeit, die
lange zurückliegt und
Gott sei Dank.»
— Olaf Scholz

*Der deutsche Bundeskanzler (SPD) am
27. Mai 2022 beim Katholikentag als Reaktion
auf eine Gruppe von Klimaaktivist*innen,
die die Veranstaltung gestört haben*

Liebe SPD-Wähler*innen,

wusstet ihr, dass Olaf Scholz nur fünf Zentimeter kleiner ist als Hitler und fünf Zentimeter größer als Goeb-
bels? Krass, oder? Was das zur Sache tut? Nichts. Aber
wir lieben sie schon sehr, unsere Nazi-Vergleiche. Und
wenn Herr Scholz das darf, darf ich das auch.

Solltet ihr es verpasst haben: Olaf Scholz hat an einem Podiumsgespräch beim Katholikentag teilgenom-
men und, als es um Klimaschutz ging, mit gewohnt
charismatischem Elan unter anderem das hier gesagt:
«Wenn wir dafür sorgen, dass wir auf erneuerbare
Energien setzen und aussteigen aus der Kohleverstro-
mung, dann ist schon die Frage, was wir dem Arbeiter
und der Arbeiterin in den Tagebauen sagen, über seine
Perspektive.»

Ich bin ja immer sehr dafür, über Inhalte zu reden
und nicht darüber, wie sie rübergebracht werden, aber
Olaf Scholz macht mich fertig. Olaf Scholz lässt selbst
das spannendste Thema klingen wie einen Diavortrag
über seine vorletzte Tupperparty. Vielleicht sollte er
Lehrer werden und Sexualkundeunterricht in der vier-
ten Klasse geben. Dann würde sich darüber wenigstens
niemand mehr aufregen, weil sowieso alle nach fünf
Minuten eingeschlafen wären. Oder noch besser: Olaf
Scholz könnte *Germany's Next Topmodel* moderieren.
Er ist ungefähr so charismatisch wie Heidi Klum, aber
bei ihm würden die Leute einfach vergessen einzu-
schalten, sodass dieses gelungene Förderprogramm für

die Zerstörung labiler Mädchenpsychen endlich abgesetzt werden könnte. Heidi Klum würde dann Bundeskanzlerin werden, das wäre doch eine ... Ich überdenke die Theorie noch mal. Also, Inhalt: Ja, eine Frage ist, was man den Arbeiterinnen und Arbeitern in den Tagebauen sagt und was für Perspektiven man ihnen bietet. Das, mein lieber Herr Scholz, ist Ihr Job. Machen Sie ihn gut und machen Sie ihn schnell. Ich finde Ihre Argumente und Ausflüchte zwar wahnsinnig spannend, aber der Klimawandel ist leider ein sehr schlechter Zuhörer.

Auch schlechte Zuhörer und Zuhörerinnen waren die Klimaaktivist*innen beim Katholikentag, die zwischendurch auch mal was sagen wollten. Das klang ungefähr so: «Die Arbeitsplätze, die dort verloren gegangen sind, sind tausendmal verloren gegangen ...» An dieser Stelle unterbrach wiederum Herr Scholz mit den Worten: «Nein, ich sage mal ganz ehrlich, diese schwarz gekleideten Inszenierungen bei verschiedenen Veranstaltungen von immer den gleichen Leuten erinnern mich an eine Zeit, die lange zurückliegt und Gott sei Dank. [...] Dazu gehört auch ein sehr schauspielerisch geübter Auftritt, bei dem man dann in jedem Fall sich immer inszeniert. [...] Das ist keine Diskussionsbeteiligung, sondern das ist der Versuch, Veranstaltungen für seine eigenen Zwecke zu manipulieren. Das sollte man nicht machen.»

Der Bundeskanzler von Deutschland reagiert also auf Klimaaktivist*innen, die eine Veranstaltung stören, mit etwas, das verdächtig nach einem Nazi-Vergleich klingt. Luisa Neubauer schreibt daraufhin auf Twitter, dass sie das so mittel findet, und alle Zeitungen titeln sofort: «Klimaaktivistin Neubauer wirft Scholz Nazi-Vergleich vor». Und zwar fast alle im selben Wortlaut, die dpa lässt grüßen. Und eine gewisse journalistische Faulheit grüßt zurück. Die einzige Ausnahme, die ich auf Anhieb gefunden habe, war lustigerweise der *Berliner Kurier*, der sonst nicht unbedingt für seine nuancierten Schlagzeilen bekannt ist. Für die anderen war der berichtenswerte Umstand nicht, dass der Kanzler ziemlich wahrscheinlich Klimaaktivist*innen mit Nazis vergleicht, sondern dass sich eine Klimaaktivistin darüber beschwert. Und das passt ja auch ins Bild. Diese Klimajugend beschwert sich ja ständig über irgendwas! Darüber, dass wir ihnen die Zukunft verbauen, zum Beispiel. Diese verwöhnten reichen Gören! Diese verzogene Generation! Diese Klima-Lemminge mit ihrem Ökowahn! Diese aufmerksamkeitsgeilen Millionärstöchter!

Sorry, geht gleich wieder. «Aufmerksamkeitsgeil» ist übrigens ein gutes Stichwort. Natürlich will Luisa Neubauer Aufmerksamkeit. Bestimmt auch für sich selbst, sie ist schließlich ein Mensch, und ich will ihr gar nicht unterstellen, völlig uneitel zu sein. Aber eben auch für die Sache. Und Klimaschutz braucht nun mal Aufmerksamkeit. Natürlich ist es unhöflich, eine Veranstaltung zu stören. Natürlich eröffnet man dadurch nicht nur eine Diskussion, sondern unterbricht auch eine. Natürlich kann man diese Unhöflichkeit kritisieren. Aber man sollte jede Situation in ihrem Kontext sehen. Und der Kontext ist hier, dass das jahrelange Weghören der Politik, das Ignorieren wissenschaftlicher Fakten, das In-den-Wind-Schlagen aller Warnungen, das Priorisieren von Lobby-Interessen und das Zerstören der Zukunft kommender Generationen, das bewusste Zusteuern auf eine globale Katastrophe – dass all das schon auch ein bisschen unhöflich ist.

Und deshalb ist der Nazi-Vergleich gar nicht das Entscheidende. Natürlich ist es wichtig, ob der amtierende Bundeskanzler Klimaaktivist*innen mit Nazis vergleicht oder nicht. Aber viel wichtiger und für gebührende Empörung völlig ausreichend ist: Er ist genervt. Der Bundeskanzler ist genervt von Leuten, die ihm sagen, dass die Welt untergeht. Und dass er daran arbeiten soll, dass sie es nicht tut. Er wirft ihnen vor zu stören. Er unterstellt ihnen Inszenierung. Er nennt Klimaschutz «ihre eigenen Zwecke». Und er, Bundeskanzler und medien- und diskussionserprober Spitzenpolitiker, wählt dazu Worte, die die Interpretation eines Nazi-Vergleichs zumindest zulassen. Und das ist ziemlich klug. Wirklich, ich bin richtig stolz auf unseren sonst ja manchmal etwas vergesslichen Herrn Bundeskanzler. Denn eines hat er nicht vergessen: Wenn du auf ein Argument nicht eingehen willst, bring einfach einen Nazi-Vergleich. Das beendet die Diskussion sofort, zumindest die über das Thema. Weil dann alle nur noch über den Nazi-Vergleich reden. Und den Vergleich dann auch noch so vage zu gestalten, dass die einen zischen können: «Stimmt, schlimmer als Nazis, diese Klimafaschisten!», und die anderen nicht vollends beweisen können, dass es wirklich so gemeint war, das ist rhetorisch schon nicht übel. Denn natürlich mutmaßen nun alle: War es ein Nazi-Vergleich? War es keiner? Und auf einer Skala von Scholz bis Neubauer – wie schlimm war er?

Die Sprecherin von Olaf Scholz sagte dazu: «Ich kann aber sagen, dass ein solcher Vergleich natürlich vollkommen absurd ist. [...] Die Äußerungen des Kanzlers stehen für sich, und ich werde die jetzt hier nicht interpretieren. [...] Der Kanzler hat sich ja klar ausgedrückt.»

Und da hat sie völlig recht. Es ist ja meist so, dass Leute um eine Interpretation bitten, weil sich jemand klar ausgedrückt hat.

Ja, vielleicht hat Olaf Scholz einfach die G20-Proteste gemeint. Dann wäre der Bundeskanzler der einzige Mensch in diesem Land, der, wenn er von einer «Zeit» spricht, «die lange zurückliegt und Gott sei Dank», nicht die Nazizeit meint, sondern ... 2017. Das wäre schon lustig. So eine sympathische Egozentrik hätte ich ihm gar nicht zugetraut.

«#Greta würde wohl FDP wählen.» — Daniel Föst

Der Bundestagsabgeordnete der FDP am 11. Oktober 2022 auf Twitter in Bezug auf die Aussage Greta Thunbergs, dass sie unter den gegebenen Umständen – Energieknappheit, vorhandene Infrastruktur – die Laufzeit der Kernkraftwerke in Deutschland verlängern würde

Selten war ich derart froh
Über einen Konjunktiv
Wenn Gretas Kreuzchen bei euch droht
Dann weh' den Geistern, die sie rief

Doch ist der Satz auch blanker Hohn
Um eure Gegnerin zu quälen
Im Grunde stimmt, was du sagst, schon:
Sie würd' die Freien Flummis wählen

Sie würde, wenn sie Deutsche wär
Und noch dazu recht egoman
Sie würde, fänd sie's heute sehr
Bequem, weil im Oktober warm

Sie würde, wenn sie Christian wär
Und wenn ihr Herz aus Geld bestünde
Sie würde, wär sie libertär
Und säh sie Armut bloß als Sünde

Sie würde, wär sie Raserin
Sie würde, wär sie Kohle-Fan
Sie würde, würd' sie «Freiheit» brüll'n
Und säh den Markt als Souverän

Doch um das «würde» mal zu streichen:
Sie sieht, wir haben ein Problem
Sie wählt ein Übel von den beiden
Um das and're zu umgeh'n

Das ist kaum eine Nachricht wert
Wenn man bloß bei der Sache bleibt
Sie will halt keine Kohle mehr
Was euch vielleicht absurd erscheint

Ich weiß, dass ihr mit Absicht trollt
Ich weiß, ihr wollt Moral vergessen
Ihr könnt euch nehmen, was ihr wollt
Und klar, ihr könnt auch Greta fressen

Doch fragt euch, was ihr immer fragt
Morgens, abends, selbst im Schlaf
Fragt euch, was euch immer plagt
Fragt euch: Wer bezahlt den Spaß?

Ihr schießt damit nicht auf Frau Thunberg
Ihr schießt nicht auf die Gegenseiten
Ihr schießt und scheißt auf den Diskurs
Worunter letztlich alle leiden

«Man müsste entsprechende Schilder aufstellen. […] So viele Schilder haben wir gar nicht auf Lager.» — Volker Wissing

Der Bundesverkehrsminister (FDP) am 5. April 2022 in einem Interview mit der Hamburger Morgenpost auf die Frage nach einem außerstädtischen Tempolimit

Herr Wissing,

Ich ziehe meinen Hut vor Ihnen
Welch schöner Satz aus Ihrem Mund!
Schon als Minister sind Sie toll
Ein Hit auch als Empiriker

Doch dass Sie Anbetung verdienen
Hat einen völlig and'ren Grund:
Sie sind - ich hege da kaum Groll -
'ne Bombe als Satiriker

«Die Entstehung einer Klima-RAF muss verhindert werden.»
— Alexander Dobrindt

Der Vorsitzende der CSU-Landesgruppe im Deutschen Bundestag am 6. November 2022 im Interview mit der BILD AM SONNTAG

«Das sind Klimaterroristen.»
— Stephan Brandner

Der stellvertretende Bundessprecher der AfD am 10. November 2022 im Bundestag

«Das sind keine Klima-aktivisten, das sind kriminelle Straftäter.»
— Friedrich Merz

Der CDU-Bundesvorsitzende am 26. November 2022 auf einem Parteitag der Berliner CDU

Leute, allmählich wundert mich gar nichts mehr. Mich wundert nicht, wieso es bis vor hundert Jahren kein Frauenwahlrecht in Deutschland gab, wieso es bis 1997 gedauert hat, um Vergewaltigung in der Ehe zur Straftat zu machen, und bis 2017, um die gleichgeschlechtliche Ehe zu erlauben. Mich wundert nicht, dass es bis heute nicht gelungen ist, etwas in jeder Hinsicht Sinnvolles wie ein Tempolimit auf Autobahnen einzuführen. Mich wundert nicht mal mehr – und ich weiß, das ist ein fast immer unangebrachter Vergleich –, aber mich wundert nicht mal mehr, wie «das mit den Nazis damals» passieren konnte. Man muss sich nur angucken, wie jetzt gerade über Klimaschutz geredet wird, und es wundert einen nichts mehr.

Die Situation ist eindeutig. Die Wissenschaft ist eindeutig. Die Fakten zum menschengemachten Klimawandel sind im Großen und Ganzen ausgehandelt, zumindest so weit, dass sie eine klare Sprache sprechen. Alles, was wir tun müssten, ist zuhören und dann auf Basis des Gehörten vernünftig handeln. Das ist alles. Und ich bin ziemlich sicher, dass wir genau das tun würden, wenn es nicht so viele Menschen gäbe, die mit dem Weltuntergang Geld verdienen würden. Die fossile Lobby arbeitet aktiv daran, die Menschheit aussterben zu lassen, weil sie unbedingt reich begraben werden möchte. Die FDP arbeitet aktiv dagegen, das Aussterben der Menschheit zu verhindern, weil sie nun mal eine Welt anstrebt, in der es kein Wir, sondern nur noch ein Ich gibt. Die CDU will einfach nur, dass die Ampel schlecht dasteht. Die AfD will die Sonne verklagen. Die *BILD* begräbt jede sinnvolle Debatte über Klimaschutz unter reißerischen Schlagzeilenbergen, weil sie fürchtet, Leute könnten sonst bemerken, dass ihr für guten, ausgewogenen Journalismus das Talent fehlt.

Und so gibt es immer, in jeder Debatte, die destruktiven Kräfte, die mit großer Reichweite und Wirkung Lügen verbreiten, die Aussagen und Taten absichtlich fehlinterpretieren, die Dinge aus dem Kontext reißen, die mit voller Berechnung niedere Instinkte anstacheln. Und es gibt immer die Dummen oder Denkfaulen oder Fühlfaulen, die dafür empfänglich sind, die nichts anderes wollen, als nach einem emotional unbefriedigenden Tag Zeitung zu lesen oder Fernsehen zu gucken oder ins Internet zu gehen und vom Sofa aus: «Weg mit dem Gesindel, den Schmarotzern, den Gören, den Ausländern, den Terroristen!» zu brüllen. Denn egal, wie machtlos diejenigen sind, die medial als Unruhestifter präsentiert werden, den Sofaschimpfer*innen gelingt es immer, sie als Bedrohung für die eigene Bequemlichkeit zu sehen und als Sündenbock für die Unzufriedenheit mit dem eigenen Leben.

«Ich kriege keinen Job? Die Ausländer nehmen uns die Arbeitsplätze weg!»

«Ich habe einen Job, den ich aber hasse? Die Sozialschmarotzer leben von meinen Steuern!»

«Ich kriege keine Frau ab? Die linksgrünversifften Schlampen haben verlernt, echte Männer zu lieben!»

«Ich stehe jeden Morgen eine Stunde im Stau, weil

nicht genug Geld in den Ausbau des öffentlichen Nah-
verkehrs gesteckt wird und sich zu viele Leute haben
einreden lassen, ein fettes Auto sei ein erstrebenswer-
tes Statussymbol? Die Klimaterroristen haben sich auf
der Autobahn festgeklebt!»

Und über die «Klimaterroristen» – das scheint inzwischen ein gängiges Synonym für Menschen zu sein,
die den Planeten auch für unsere Kinder bewohnbar
halten wollen – lässt es sich gerade besonders gut aufregen.

Lasst uns kurz den unangenehmen Teil hinter uns
bringen: die Fakten. Uäh, Fakten. Ich weiß. Also ganz
schnell. Seit einer Weile wird ziemlich viel über die
Klimaproteste der Letzten Generation geredet. Zu-
erst offenbarte sich eine Nation der Gemäldeliebha-
ber*innen, die vor lauter Kunstsinn die Existenz von
schützenden Glasscheiben leugnete, und dann kam
die Geschichte mit dem Betonmischer, dem Stau und
der Fahrradfahrerin. Folgendes ist passiert: Die Letzte
Generation hat als Klimaprotest eine Autobahn blockiert. Es ist ein Stau entstanden. Unabhängig davon
gab es einen Unfall, bei dem ein Betonmischer, also ein
Lkw, eine Fahrradfahrerin überrollt hat, die letztlich an
ihren Verletzungen gestorben ist. Ein Spezialrüstwagen
von der Feuerwehr stand im Stau und kam verspätet
zum Unfallort.

Dann gab es ein paar Tage der Unklarheit: Hatte der
Stau Einfluss auf die Rettung der Fahrradfahrerin? Hätte sie sonst vielleicht überlebt? Wer trug die Schuld an

der fehlenden Rettungsgasse? Hat der Klimaprotest vielleicht zum Tod eines Menschen beigetragen?

Und dann kamen die Erkenntnisse: Beim Klimaprotest war die Rettungsgasse wohl eingeplant, bei den Autofahrer*innen offenbar nicht. Zudem sagte die Notärztin im Einsatz, der Spezialrüstwagen wäre ohnehin unter keinen Umständen eingesetzt worden. Doch während immer wahrscheinlicher wurde, dass die Letzte Generation keine Schuld trifft, entwickelte sich die Debatte immer weiter in Richtung «Das sind Mörder und Terroristen!». Daran kann man sehen, dass Debatte und Fakten nicht mehr verbindet als eine lose Bekanntschaft. Wenn sie sich zufällig auf der Straße treffen, unterhalten sie sich vielleicht mal kurz, ab und zu verbringen sie sogar mal eine Nacht miteinander, aber die Debatte ist nie bereit, eine feste Bindung mit den Fakten einzugehen, und die Fakten wollen sich natürlich auch nicht aufdrängen.

Was hängen bleibt, ist das Bild der Radikalen, der «Klima-RAF», der «Terrorist*innen», die bereit sind, für ihre Sache über Leichen zu gehen. Das wird natürlich sofort politisch ausgenutzt. Die Union zum Beispiel ergriff die Gelegenheit, um härtere Strafen für Klimaaktivist*innen zu fordern. Was zu der etwas traurigen Erkenntnis führt: Wenn der Staat so gut darin wäre, den Klimawandel zu bekämpfen wie Protestierende, hätten wir kein Problem. In Bayern wurden diverse Mitglieder der Letzten Generation für dreißig Tage in Polizeigewahrsam genommen. Auf richterliche Anordnung, ohne Prozess. 2017 hat Bayern sein «Polizeiaufgabengesetz» reformiert, wodurch es plötzlich möglich war, Menschen auf unbestimmte Zeit einzusperren, wenn von ihnen eine «drohende Gefahr» ausging. Ja, man hätte Leute theoretisch für immer ins Gefängnis werfen können, und als Begründung hätte ein diffuses «Vielleicht machen die mal etwas Blödes» ausgereicht, eine «drohende Gefahr», was wohl der schwammigste Begriff ist, den die Rechtssprache jemals in ihre Nähe gelassen hat. Darauf folgte so viel Protest, dass die «drohende Gefahr» umformuliert wurde zu einer «konkreten Wahrscheinlichkeit», dass «in absehbarer Zeit Angriffe von erheblicher Intensität oder Auswirkung zu erwarten sind», und die Unendlichkeit wurde auf einen, bei Verlängerung auf zwei Monate herabgesetzt. Nun ist es etwas weniger krass, aber immer noch ein immenses Machtinstrument. Es ist ein Anti-Terror-Gesetz. Mit dem Klimaaktivist*innen eingesperrt werden. Einen Monat lang. Damit sie nicht demonstrieren. Das ist ein Skandal. Der aber nicht als solcher wahrgenommen wird, weil das Framing funktioniert. Weil nun mal das Bild der Radikalen hängen geblieben ist, die bereit sind, für ihre Sache über Leichen zu gehen. Und das birgt ein paar Probleme.

Erstens: Solange darüber geredet wird, ob die Protestierenden Mörder*innen sind, wird nicht übers Klima geredet.

Zweitens: Es ist unmöglich geworden, die Klebeproteste konstruktiv zu kritisieren, weil man damit Leuten wie der Springerpresse in die manipulativen Hände spielt. Dabei wäre ein sachliches Hinterfragen der Protestform sinnvoll. Ich kann zum Beispiel zugleich anerkennen, dass die Aktivist*innen vermutlich keine Schuld an dem Tod der Radfahrerin trifft und dass Autofahrer*innen gesetzlich dazu verpflichtet sind, im Stau auf Autobahnen eine Rettungsgasse zu bilden, und trotzdem finden, dass die Protestform zu gefährlich ist. Erstens, weil sich die Letzte Generation am Tag nach dem Vorfall selbst nicht sicher war, ob sie die Rettung der Fahrradfahrerin verzögert hat – es wäre also möglich gewesen und könnte in Zukunft passieren –, und zweitens, weil wir alle wissen: Menschen in Autos sind gefährlicher als Menschen ohne Autos. Das mit der Rettungsgasse funktioniert fast nie. Wer den Verkehr blockiert, muss das mitdenken, muss die Rücksichtslosigkeit der anderen voraussehen. Moralisch gesehen natürlich nicht, aber praktisch bin ich trotzdem dafür. Damit niemand zu Schaden kommt. Wir müssen nun mal mit dem arbeiten, was wir haben. Also mit verantwortungslosen Menschen in stinkenden Blechbüchsen. Genau wie wir mit der Gesellschaft arbeiten müssen, die wir haben, mit den Medien, die wir haben, und mit dem Hang zu vorschnellen Urteilen, den wir haben. Auch das Ausschlachten durch die Destruktiven, sobald sie eine Chance bekommen, hätte man also mitdenken können. Wobei man das auch als Argument für die Protestform sehen kann, denn so gibt es immerhin Aufmerksamkeit. Habt ihr mitbekommen, dass Klimaaktivist*innen zuvor Hörsäle und Schulen besetzt haben? Natürlich nicht! Darüber hat sich ja auch niemand aufgeregt. Wenn du Aufmerksamkeit für ein Thema willst, mit dem sich niemand beschäftigen möchte, gibt es kaum ein effektiveres Mittel, als die Leute wütend zu machen.

Und damit kommen wir zum dritten Problem: Die Bewegung muss sich rechtfertigen. Und es ist verlockend, sich durch Relativierung zu rechtfertigen. Indem man zum Beispiel sagt: «Selbst wenn die Fahrradfahrerin unseretwegen gestorben wäre, wie viele Leute sterben denn durch den Klimawandel, he? Oder im Straßenverkehr, ganz ohne unsere Proteste?» Das Ding ist nur: Wenn man einmal anfängt, Tote gegeneinander aufzurechnen, lässt sich damit an Protest so ziemlich alles rechtfertigen, egal wie extrem, weil die Klimabewegung bei der Rechnung so gnadenlos gewinnt. Jedes Jahr sterben weltweit acht Millionen Menschen an den Folgen der Luftverschmutzung durch fossile Brennstoffe. Du könntest also eine Protestform wählen, die ganz Hongkong umbringt, und wärst moralisch immer noch besser dran als die fossile Industrie. Aber das kann ja nicht der Maßstab sein. Keine Totenzahl, die über null liegt, darf der Maßstab sein. Die Hochrechnung beantwortet bloß recht klar die Frage nach dem Klimaterrorismus. Es gibt eine Seite, die versucht, den Untergang der Menschheit zu verhindern, und dabei aus reiner Verzweiflung Protestformen wählt, die möglicherweise die vom Straßenverkehr ohnehin gegebene Gefahr für einzelne Menschen begünstigen könnten, und es gibt die andere Seite, die aus reiner Profit- und Machtgier jedes Jahr Millionen Tote in Kauf nimmt. Ich will euch da echt keine Antwort aufdrängen, aber fragt ihr euch nicht auch, wer hier die wahren Klimaterroristen sind?

«Reichsbürger und Klima-Kleber. Das sind zwei völlig verschiedene Dinge, aber beide lassen besorgt sein.»
— Markus Söder

Der bayerische Ministerpräsident (CSU) in der Pressekonferenz nach der CSU-Parteivorstandssitzung am 9. Dezember 2022

Ja, sie sind total verschieden
Die einen woll'n bloß mit Gewalt
Mit Waffen, Militär und Geld
Das Grundgesetz zu Tode betten

Die anderen jedoch, die schmieden
– so sind die Klima-Kleber halt –
Den fürchterlichen Plan, die Welt
Als lebenswerten Ort zu retten

Damit's nicht die Agenda stört
Ist es von größter Wichtigkeit
Die zwei einander zuzulenken
Sie stets in einem Satz zu nennen

Sodass, wer «Klima-Kleber» hört
Nicht umhinkommt, jederzeit
Verfassungsfeinde mitzudenken
Und Ähnlichkeiten zu erkennen

Ich will nicht klingen wie ein Streber
Und würde, wenn es nach mir ginge
Nichts von solch aufdringlicher Klarheit
Sagen, weil du's auch längst weißt

Doch «Reichsbürger und Klima-Kleber
Sind zwei verschied'ne Dinge»
Hätt' als Ausdruck einer Wahrheit
Streng genommen ausgereicht

MÄNNER GEGEN
FRAUEN GEGEN
DAS STERNCHEN
DES TODES

«Gestern hat der [Oberste] Gerichtshof einen Sieg für die Verfassung, einen Sieg für den Rechtsstaat und vor allem einen Sieg für das Leben verkündet.»
— Donald Trump

Der ehemalige Präsident der USA am 25. Juni 2022 nach der Entscheidung des Supreme Courts, die Grundsatzentscheidung Roe vs. Wade (1973) zum Abtreibungsrecht aufzuheben und dadurch den Weg für strikte Abtreibungsgesetze in den Bundesstaaten frei zu machen

Natürlich hat er das, Herr Trump. Vor allem einen Sieg für das Leben. Weil er nun zum Beispiel das Herzschlag-Gesetz zulässt, das wohl perfideste Gesetz, von dem ich je gehört habe. Dabei gibt es wirklich absurde Gesetze. In der Schweiz ist es zum Beispiel verboten, nach 22 Uhr eine Toilettenspülung zu betätigen. In Florida muss man einen Parkschein lösen, wenn man seinen Elefanten an einer Parkuhr anbindet. In Australien ist es nicht erlaubt, Sex mit einem Känguru zu haben, wenn man nüchtern ist. Wenn man aber eine ausreichende Anzahl an Schnapspralinen isst: kein Ding! Das Unfaire an diesem Gesetz ist ja, dass das Känguru sehr wohl nüchtern sein darf. Es ist eine Unverschämtheit. Dafür darf das Känguru in Texas und Oklahoma die aus diesem Akt flüchtiger Liebe entstandene Schwangerschaft nicht mehr beenden, sobald ein Arzt oder eine Ärztin beim Embryo einen Herzschlag feststellen kann. Womit wir zurück beim Herzschlag-Gesetz sind. Das Schlimme an diesem Gesetz ist, dass unser Gefühl sofort sagt: richtig so!

Ich war vor ein paar Jahren schwanger. Und nein, ich habe nicht abgetrieben. Damals war gerade in Alabama ein Abtreibungsgesetz erlassen worden, das das Beenden einer Schwangerschaft sogar im Fall von Vergewaltigung oder Inzest verbieten sollte. Ein bisschen wie in Afghanistan. Sie wissen schon, Herr Trump, das ist das Land, in dem Frauen seit einer Weile wieder nur mit Burka vor die Tür gehen dürfen und Mädchen von der Schulbildung ausgeschlossen werden.

Ich war also schon mal schwanger, und ich erinnere mich an den ersten Ultraschall, auf dem ich ein kleines Pünktchen erwartet hatte und sonst nichts. Aber plötzlich pulsierte da etwas, und die Ärztin sagte: «Das ist der Herzschlag.» Das hat mich völlig fertiggemacht. Positiv fertig. Ich dachte: «Ich bin wirklich schwanger, ich werde wirklich Mutter, da ist ein kleiner Mensch in mir drin!» Das Herz ist für uns so emotional besetzt, es ist der Kern von allem, die Quelle unserer Emotionen, es steht für Liebe und Leben, für etwas, das bluten kann und brechen, das uns binden kann an andere Menschen und das uns manchmal besser leitet als unser Kopf. Für einige ist es auch ein faszinierender Mythos, weil sie selbst keins haben.

Nein, wir alle haben eins! Wir können einen Menschen ohne Herz gar nicht denken. Und deshalb können wir auch ein Herz ohne Mensch nicht denken. Weshalb es ziemlich klug ist, dieses Gesetz «Herzschlag-Gesetz» zu nennen. Sofern man Frauen, die selbstbestimmte Entscheidungen über ihren Körper fällen, nur so mittel findet. Denn der Herzschlag ist meist ab der sechsten Schwangerschaftswoche nachweisbar. Da wissen viele Frauen noch gar nicht, dass sie schwanger sind. Als das Gesetz zum Beispiel in Texas eingeführt wurde, hätte es 85 bis 90 Prozent der bisherigen Schwangerschaftsabbrüche zu illegalen Eingriffen gemacht. Dabei ist das Herz eben nur ein Muskel. Das Schmerzempfinden bildet sich erst vier Monate später aus. Und verstehen Sie mich nicht falsch, Herr Trump: Ich bin gar nicht dafür,

Schwangerschaftsabbrüche bis kurz vor der Geburt zu erlauben. Die Diskussion um Abtreibung erfordert das, was wir Menschen am schlechtesten können: Abwägung. Ich bin unsicher, ob Sie das Wort überhaupt kennen. Abwägung zwischen zwei Leben, einem realen und einem potenziellen und langsam real werdenden. Sie wirft die Frage auf, ab wann der Mensch Mensch ist.

Ich vermute, Herr Trump, dass es kaum eine Frage gibt, die Sie weniger interessiert. Ich möchte Sie trotzdem noch mit ein paar Fakten zu Schwangerschaft und Abtreibung belästigen. Dazwischen streue ich völlig zusammenhanglos ein paar meiner Lieblingsgesetze ein, um Ihre geschätzte Aufmerksamkeit nicht zu verlieren:

Aus dem Weltbevölkerungsbericht der Vereinten Nationen geht hervor, dass weltweit fast die Hälfte aller Schwangerschaften unbeabsichtigt sind.

In Australien darf man nur Heu im Kofferraum transportieren, wenn es sich bei dem Auto um ein Taxi handelt.

Jedes Jahr gibt es 121 Millionen ungewollte Schwangerschaften. 60 Prozent davon werden abgetrieben, die Hälfte davon, also ungefähr 35 Millionen, unter unsicheren Bedingungen.

In Liverpool ist es Frauen verboten, oben ohne zu arbeiten – außer, sie sind in einem Geschäft für tropische Fische angestellt.

Über 20 Prozent vertriebener, also geflüchteter Frauen, erfahren sexualisierte Gewalt, wodurch mehrere Millionen ungewollte Schwangerschaften entstehen.

In Großbritannien ist es verboten, im Parlament zu sterben.

257 Millionen Mädchen und Frauen haben keinen ausreichenden Zugang zu Verhütungsmitteln.

In Bhutan ist Männern Sex vor der Ehe verboten. Allerdings vor der Ehe des älteren Bruders.

Ungefähr sieben Millionen Frauen müssen jedes Jahr wegen unsicherer Abtreibungen ins Krankenhaus eingeliefert werden.

In Uruguay sind Duelle verboten – außer, beide Duellanten sind Blutspender.

Selbstabtreibungen werden zum Beispiel mit Kleiderbügeln oder Stricknadeln versucht und sind eine der Hauptursachen für Müttersterblichkeit.

Klar, Mister Trump, Abtreibungsverbote sind ein «Sieg für das Leben». Durch sie sterben zwar vor allem mehr Frauen, aber hey, das sind ja nur Frauen. Es ist ja nicht so, als hätte in ihrer Brust ein Herz geschlagen.

«Du bist einfach EKELHAFT, bei deinem Anblick kriegt jeder normal veranlagte Mensch das Kotzen.»

«Friss weniger du Fette Sau, wegen dir sterben jeden Tag 10 Kinder in Afrika.»

«bald platzt das fette Walross...»

«die fette sau hat nicht mal ihr leben im griff aber will uns regieren?»

«Würde man für jedes Kilo bei @Ricarda_Lang eine Schweigeminute halten, wäre die Welt für etwa 140 Minuten lang still.»

«Absolut surreal wie Ricarda Lang ihre Quarktaschen auf der Wampe ablegen kann.»

Internet-Kommentare an Ricarda Lang, die Parteivorsitzende der Grünen

Lieber Juan23794768, lieber BigA79813245,
lieber Chris02465241 und liebe andere Kommen-
tator*innen mit wirklich vertrauenerweckenden
Nicknames auf Twitter,

ich weiß, es ist schwierig, wenn eine Frau etwas will.
Frauen dürfen ja schon genug in diesem Land: wählen,
sich scheiden lassen, Auto fahren. Da müssen sie nicht
auch noch etwas wollen. Schon gar nicht etwas, das
über den Durchschnitt hinausgeht. Zum Beispiel Parteivorsitzende werden. Denn wer etwas will, stellt damit die Behauptung in den Raum, dieses Etwas stünde
ihm oder ihr zumindest potenziell zu. Und Frauen steht
nichts zu. Frauen werden Dinge gnädigerweise zuge-
standen, und zwar reichlich! Es herrscht vermutlich
seit der ersten Errungenschaft des Feminismus eine
sich beharrlich haltende «Was wollt ihr denn noch?»-
Haltung in diesem Land.

Was wollt ihr denn noch? Eine Frau kann doch sogar
Bundeskanzlerin werden! – Ja, aber halt nur eine. Und
das ist ja jetzt auch schon wieder vorbei. Okay, immerhin haben wir nun einen so unscheinbaren Mann als
Bundeskanzler, dass kaum auffällt, dass Frau Merkel
schon einen Nachfolger hat. Aber Angela Merkel ist
wohl für kaum etwas so stark kritisiert worden wie für
zwei Dinge, die mit ihrer Weiblichkeit in Verbindung
gebracht werden. Erstens: im Angesicht einer huma-
nitären Katastrophe zumindest halbwegs Menschlichkeit gezeigt zu haben – so sind sie halt, die Frauen: zu

emotional für die Politik! –, und zweitens: einmal ein Kleid mit Ausschnitt getragen zu haben, was vielen wirklich sehr unangenehm war. Denn dadurch wurden sie daran erinnert, dass Frau Merkel kein Mann ist – ein Umstand, den sie zuvor mit aller Kraft zu verdrängen versucht hatten.

Die letzte Frau, die sehr öffentlichkeitswirksam etwas wollte, war Annalena Baerbock. Zu allem Überfluss wollte sie ausgerechnet die zweite Frau sein, die Bundeskanzlerin wird. Absurder Gedanke, schließlich hatten wir ja schon mal eine! Wie das ausgegangen ist, wissen wir alle. Und ihr, lieber Juan23794768 und lieber Chris02465241, ihr wisst es wahrscheinlich sogar noch besser als ich. Vermutlich findet Frau Baerbock hier und da noch immer ein paar abgebrochene Schnabelspitzen der Geier, die sie monatelang belagert haben, und muss sie sich aus der Kopfhaut rupfen. Aber immerhin eines ist Annalena Baerbock nicht: dick. Sonst hättet ihr noch viel mehr Spaß mit ihr haben können.

Ja, es gibt dicke Frauen. Es gibt auch dicke Männer. Und es gibt Menschen, die dicke Leute nicht attraktiv finden. Dank unseres aktuellen Schönheitsideals sind das sogar viele Menschen. Einige Menschen sind ungesund dick, andere gelten als dick, einfach, weil sie nicht zu dünn sind. Schlimm genug, könnte man sich drüber aufregen, aber dazu kommt man ja gar nicht, denn man verbraucht sein Aufregungspotenzial schon dafür, dass korpulenten Frauen – nicht selten im Gegensatz zu korpulenten Männern übrigens – nicht nur das Recht aufs Wollen abgesprochen wird, sondern das Recht aufs Können und im schlimmsten Fall das Recht aufs Sein.

Ricarda Lang ist Parteivorsitzende der Grünen. Ricarda Lang ist eine dicke Frau. Letzteres würde ich nicht erwähnen, wenn es nicht euer Hauptargument gegen sie wäre. Aber Leute: Da muss es doch etwas Besseres geben! Sogar dem einfachsten aller Geister kann doch der Gedanke unmöglich logisch erscheinen, es gebe einen Zusammenhang zwischen Körperform und politischen Fähigkeiten. Ich möchte mich wirklich ungern bei all den Andi-Scheuer-Witzereißerinnen einreihen, aber lasst mich zumindest kurz auf seine ausgesprochen athletische Figur hinweisen.

Keine Ahnung, ob Ricarda Lang etwas kann. Es ist mir auch egal. Ich bin nicht bei den Grünen; die sollen zur Vorsitzenden wählen, wen immer sie wollen. Aber wenn ihr Äußeres euer einziges Argument gegen sie ist, muss sie ja geradezu genial sein. Da tut es fast schon gut, wenn jemand ihre Kompetenz anzweifelt, weil sie kein abgeschlossenes Studium hat. Wobei ich auch nicht sicher bin, ob ein akademischer Grad das geeignete Kriterium für die Beurteilung von politischer Geistesschärfe ist. Ich möchte mich wirklich ungern bei all den Hans-Georg-Maaßen-Witzereißerinnen einreihen, aber lasst mich zumindest kurz darauf hinweisen, dass er nicht nur sein Studium abgeschlossen, sondern sogar promoviert hat.

Klar könnt ihr sagen: «Eine dicke Frau kann keine

Partei führen, die hat ja nicht mal ihr eigenes Leben unter Kontrolle!»

Aber wisst ihr was? Natürlich hat sie ihr Leben nicht unter Kontrolle. Genauso wenig wie ihr. Niemand hat sein Leben unter Kontrolle. Das ist doch schön, eigentlich. Niemand kennt den Kampf seines Gegenübers. Wenn ihr ins Internet schreibt, dass eine Frau dick ist, hat das nur einen Grund: dass ihr euer Leben nicht unter Kontrolle habt, auch wenn ihr dreimal die Woche ins Fitnessstudio rennt. Und dass ihr findet, dass Frauen nichts wollen dürfen. Aber ich will etwas. Nicht, dass ihr euren Frauenhass ablegt, lasst uns nicht unrealistisch sein. Aber ich will, dass ihr euch wenigstens bessere Argumente überlegt.

«‹Menschen, die menstruieren.› Ich bin sicher, für diese Menschen gab es mal ein Wort.»
— J. K. Rowling

Die Harry-Potter-Autorin am 6. Juni 2020
auf Twitter

Frau Rowling,

ja, es ist ein hässlicher Ausdruck. «Menschen, die menstruieren.» Immer, wenn jemand diese Worte spricht, explodieren Köpfe. «Das heißt ‹Frauen›!», brüllen sie dann. «‹Frauen› heißt das!» Das Ding ist aber: Nein, heißt es nicht. Wer «Menschen, die menstruieren» sagt, meint damit nicht, dass Frauen nicht mehr Frauen heißen, sondern meint eine andere, wenn auch sich zu großen Teilen überschneidende Gruppe. «Frauen» und «Menschen, die menstruieren» sind keine Synonyme. Das ist auch keine Meinungsfrage, das ist eine Tatsache. Darüber müssen wir nicht diskutieren. Wir können darüber diskutieren, wie wir den Ausdruck finden, aber an dem Fakt an sich lässt sich nicht rütteln. Selbst wenn Sie fest davon überzeugt sind, dass transgender eine Erfindung von Bill Gates ist, selbst dann gibt es noch Frauen, die keine Gebärmutter haben, weil sie zum Beispiel entfernt werden musste, und selbst dann gibt es noch intersexuelle Menschen, die auch rein biologisch nicht so einfach einem Geschlecht zugeordnet werden können, von denen also einige keine biologischen Frauen sind, aber vielleicht eine Gebärmutter haben und menstruieren. Diese Menschen existieren. Das können Sie nicht wegmeinen, sosehr Sie das auch möchten.

Was Sie tun können, sind drei Dinge:

Erstens, völlig abwegig, aber ich will es wenigstens mal vorgeschlagen haben: Sie könnten sich einfach nicht aufregen. Dann reden halt Leute, wenn es – wie in dem Artikel, auf den Sie sich beziehen – um den Zugang zu Menstruationsartikeln geht, über Menschen, die menstruieren. Das könnte man ja auch hinnehmen.

Nein? Zu langweilig? Zu friedlich? Zu tolerant? Okay, dann zweitens: Sie können sich darüber beschweren, dass hinter dieser umständlichen Begriffskonstruktion die Leiden vieler Frauen verblassen und die Leiden weniger Menschen in den Vordergrund rücken. Das ist nämlich zumindest ein interessanter Punkt. Die Diskussionen, in denen die Ausdrücke «Menschen, die menstruieren» oder «Menschen mit Gebärmutter» auftauchen, behandeln meist Missstände, die durch das Patriarchat verursacht werden. Und das Patriarchat unterdrückt zwar alles, was nicht klassisch männlich ist, aber sein Fokus liegt nun mal darauf, alles Weibliche zu kontrollieren. Man kann also, wie es einige Leute, die den Feminismus sonst nicht mal mit einer Greifzange anfassen würden, auch gerne tun, die Rechte von cis Frauen – also von Frauen, deren Geschlechtsidentität dem Geschlecht entspricht, das ihnen bei der Geburt zugewiesen wurde – gegen die Rechte von trans Männern und nicht-binären Menschen ausspielen. Und genau wie Sie, Frau Rowling, finde ich als heterosexuelle cis Frau das wirklich verlockend. Wirklich. Nichts eint so sehr wie ein gemeinsames Feindbild. Und man merkt schon jetzt, dass die Debatte über trans Personen es cis Frauen leichter macht. Der Genderstern zum Beispiel, der ja die gesamte Geschlechtervielfalt abbilden soll, hilft dem binären Gendern. Leute, die bis vor Kurzem noch stur von Lehrern, Physikern und Busfahrern geredet haben, fürchten zwar jetzt um ihr Leben, wenn sie den gesprochenen Genderstern auch nur hören, sagen dann aber: «Können wir nicht einfach ‹Lehrerinnen und Lehrer› sagen wie normale Leute?»

Plötzlich erkennen sie das Nennen der weiblichen Form also als selbstverständlich an. Das Wunder heißt «Diskursverschiebung», und in diesem Fall finde ich das gut! Wir haben neue Freaks gefunden, die wir unterdrücken können! Frauen sind vielleicht den Männern noch nicht gleichgestellt, aber immerhin stehen sie jetzt nicht mehr an letzter Stelle. Wir gehören jetzt zu den Privilegierten! Yes!

Die Sache ist nur: Das tun wir wirklich. Einerseits sind wir cis Frauen natürlich viel mehr. In Deutschland gibt es über 40 Millionen cis Frauen. Und wenn man eine Studie der *ZEIT* aus dem Jahr 2016 auf die Gesamtbevölkerung hochrechnet, gibt es in Deutschland nur knapp 2,5 Millionen Menschen, die entweder ein anderes Geschlecht haben als bei ihrer Geburt zugewiesen oder sich nicht als weiblich oder männlich definieren.

Okay, so wenige sind das gar nicht. Aber davon hat ja auch nur ein Teil eine Gebärmutter. Und transgender ist ja eh Quatsch! Wie viele bleiben dann schon übrig, he? Komm, die paar Leute! Die haben doch kein Sternchen verdient!

Aber: Ihr Leid ist größer als unseres. Der Sexismus, der Frauen in unserer Gesellschaft entgegenschlägt, ist nichts gegen die ausgrenzende Unsichtbarkeit und Diskriminierung, mit der nicht-binäre und trans Menschen zu kämpfen haben. Vielleicht sollte man – auch in anderen Bereichen – nicht immer die Masse Mensch miteinander vergleichen, sondern die Masse Leid. Und die meist ja sehr geringe Masse Aufwand, der betrieben werden muss, um dieses Leid zu lindern. Wenn wir dann noch danach handeln würden – huch, wäre die Welt eine andere!

Außerdem ist die Idee des Feminismus, auch wenn er einen blöden Namen hat, die Abschaffung von Ungleichheit. Wenn er sich auf cis Frauen beschränkt – am besten nur gut situierte weiße hetero cis Frauen ohne Behinderung –, hat er sich selbst nicht begriffen. Eine Ungleichheit zu bekämpfen, indem man viele andere Ungleichheiten ignoriert, ist ein bisschen, als würde man sich durch einen Schuss Heroin von Koks entwöhnen.

Sie merken, Frau Rowling, von der zweiten Option bin ich kein so richtig großer Fan. Aber es gibt ja zum Glück noch eine dritte Möglichkeit: Sie können sich über den Begriff an sich beschweren. «Menschen, die menstruieren.» Das klingt so abstrus und so unnötig kompliziert. Wobei: kompliziert, ja, aber ist das wirklich unnötig?

Es ist ein bisschen wie «Menschen mit Behinderung». Natürlich ist das komplizierter als einfach «Behinderte» zu sagen, aber es legt den Fokus darauf, dass es Menschen sind. Menschen, von denen die Behinderung eben nur ein Teil ist. Oder wie «Menschen mit Migrationshintergrund». Und Menschen mit Gebärmutter sind eben auch mehr als nur ihr Uterus. Die Welt ist komplex. Manchmal braucht man mehr als ein Wort, um sie zu beschreiben. Get over it.

Was mich an den Begriffen stört, ist die Kälte. «Menschen mit Gebärmutter» oder «Menschen, die menstruieren», das klingt, als hätte ein Beamter eine Medizinerin geheiratet und würde in seiner Freizeit Kreuzworträtsel für die gemeinsamen Kinder erstellen. Nun sind Sie, Frau Rowling, ja zufällig Autorin. Anstatt zu schimpfen, könnten Sie doch einfach einen besseren Vorschlag machen.

«Hat hier irgendwer von euch
Eier gefunden? Ich hab nur ein
paar K. O. Tropfen bekommen.»
— Joyce Ilg

*Die Comedienne und YouTuberin am
17. April 2022 auf Instagram unter einem Foto
von sich selbst mit dem Comedian Luke
Mockridge, der zuvor für seine Witze über
K.-o.-Tropfen kritisiert worden war*

«Bin mal fast an
K.O.-Tropfen gestorben.
Nicht cool, Joyce. Again.»
— Silvi Carlsson, YouTuberin

«das nächste mal werde
ich die dosis verstärken,
versprochen»
— Faisal Kawusi, Comedian

Liebe Joyce Ilg, lieber Faisal Kawusi,

hier völlig zufällig und zusammenhanglos drei Infos zu
K.-o.-Tropfen:

1. K.-o.-Tropfen sind farb- und geschmacklose Flüssig-
   keiten, die farb- und geschmacklose Menschen ihren
   Opfern heimlich ins Getränk mischen, um sie zum
   Beispiel zu vergewaltigen, ohne dass sich die Betroffenen wehren oder nachher daran erinnern können.
2. Im Urin sind K.-o.-Tropfen 12–14 Stunden nachweisbar, im Blut nur 6–8 Stunden. Solltet ihr also, was
   hoffentlich nie passieren wird, bei der Polizei sitzen,
   um einen solchen Fall anzuzeigen, besteht auf einen
   Urintest!
3. Luke Mockridge findet Witze über K.-o.-Tropfen lustig.

Um dich, Faisal, in Schutz zu nehmen, möchte ich an-
merken, dass dein Witz über K.-o.-Tropfen möglicherweise der erste deiner Karriere war, den du selbst geschrieben hast. Da kann so was natürlich schon mal
passieren. Die Geschichte ist trotzdem interessant. Viele Leute sehen das vermutlich anders und finden eure
Insta-Vergewaltigungswitze-Soap weder spannend
noch wichtig. Doch dir, Faisal, folgen über 300 000
Leute auf Instagram, Joyce folgen 1,6 Millionen. Das
ist ganz München. Gut, es ist nur München, so wichtig ist es also vielleicht doch nicht. Aber wenn ihr öf-

fentlich Vergewaltigungs- oder Morddrohungswitze macht, dann vermittelt ihr dadurch sehr vielen Menschen, dass das okay ist. Und sehr vielen Betroffenen sexualisierter Gewalt vermittelt ihr, dass ihr Leid lustig ist. Darunter sind viele junge Menschen, darunter sind traumatisierte Menschen, und drumherum ist eine Gesellschaft, die noch immer viel zu dicke ist mit ihrer guten Freundin Rape Culture. Die Geschichte mag also albern sein, aber egal ist sie nicht. Wer so eine Reichweite hat, könnte ja auch etwas völlig Verrücktes tun und gute Witze machen. Oder sich zumindest sagen lassen, wenn ein Witz daneben war, ohne sich bei jeder Kritik auf «Freedom of humour» zu berufen.

Ich weiß, Leute sagen, Kolleg*innenschelte gehöre sich nicht. Aber ehrlich gesagt: doch. In so einem Fall gebietet sie sich sogar. Weil sich immer diejenigen auf die Freiheit des Humors berufen, die sich so wenig Mühe beim Nachdenken geben, dass es schon an Skrupellosigkeit grenzt. Wenn du eine Fernsehsendung hast oder ausverkaufte Shows oder eine große Reichweite im Internet und dir so viele Leute zuhören, dann ist das kein Grund für Arroganz, sondern für Dankbarkeit. Immer dieses Ego-Rumgepimmel, das es unmöglich macht, berechtigte Kritik ernstzunehmen.

Wenn ein junger Comedian fragt: «Darf er das?», um dann Witze über Menschen mit Behinderung zu machen ... Was für eine Frage. Natürlich darf er das! Die Frage, die sich eigentlich stellt, ist: «Muss das sein?» Wenn du einen Witz über jemanden im Rollstuhl

machst, muss es denn immer ein Witz über den Rollstuhl sein? Da sitzt doch ein Mensch drin. Mach doch
mal einen Witz über seine Frisur. Oder seinen Charakter. Warum nicht?

Wenn ein Kabarettist in seinem Podcast über
«schlecht gebumste, hässliche Schabracken» schwadro-
niert und nachher sagt, die Leute seien einfach zu
dumm gewesen, seine Rolle zu verstehen ... Nein, ich
sehe deine Rolle, Serdar, aber ich finde den Verdacht
nicht völlig abwegig, die Rolle könne bloß ein Kleid
sein, das dir erlaubt zu sagen, was du wirklich über
Frauen denkst. Und du hast dir die Rolle ausgesucht,
also bist du auch dafür verantwortlich.

Wenn ein anderer Kabarettist, den viele früher mal
gut fanden, der aber inzwischen so oft rechts abgebo-
gen ist, dass selbst er sich zu wundern scheint, dass er
trotzdem noch immer nicht nach links läuft, und der so
stark unter «Cancel Culture» leidet, dass er das Woche
für Woche in seiner Sendung ein paar Millionen Leuten
erzählen kann, wenn dieser Kabarettist also mal wieder
schlecht recherchiert Schwarzen Menschen Rassismus
gegen Weiße unterstellt ...

«Was darf Satire? – Alles!» Ja, aber wir sollten nicht
immer nur nach den Rechten der Satire fragen, sondern auch mal nach ihren Pflichten. Was muss Satire?
Ich finde: sich Mühe geben. Wenigstens das. Sich hinterfragen lassen. Du kannst jede Rolle spielen und alles
sagen, darfst über jeden Menschen Witze machen und
jedes Tabu brechen. Aber du musst dich halt fragen las-

sen, warum. Jede Reflexion all unseres menschlichen Handelns fragt immer nach dem Warum. Das sollte bei uns nicht anders sein, bloß weil wir auf Bühnen stehen. Das ist keine Cancel Culture, das ist Kritik.

Natürlich ist nicht jede Kritik berechtigt. Es gibt Leute, die sich ständig beleidigt fühlen wollen. Ja, auch linksgrünversiffte Feministinnen, ich weiß. Und ganz ehrlich, es gibt auch Leute, die es verdient haben, beleidigt zu werden. Aber eben aufgrund der Dinge, die sie tun, und nicht der Dinge, die sie sind oder die, wie bei K.-o.-Tropfen, mit ihnen getan werden. Wenn eine Frau zum Beispiel nicht dem gängigen Schönheitsideal entspricht, ist das erst mal nicht lustig. Wenn diese Frau aber zufällig auch den Holocaust leugnet oder Verschwörungsmythen verbreitet oder zu den Leuten gehört, die sich in einer Pandemie so unsolidarisch verhalten, dass die restliche Gesellschaft ihren Egoismus ausbaden muss, dann sollte sie sich nicht beschweren, wenn ihr jemand sagt, dass sie nicht dazu verpflichtet ist, Teil dieser Gesellschaft zu sein, wenn sie das nicht möchte. Wenn ein Rassist im Rollstuhl sitzt, bin ich die Erste, die einen Witz über ihn macht. Aber eben nicht über seine Unfähigkeit zu laufen, sondern über seinen Rassismus.

Dieter Nuhr, an den ich gerade rein zufällig denken muss, hat mal zu mir gesagt: «Satire ist das, was mir im Kopf herumgeht.» Ich bin unsicher, ob das die allumfassende Definition ist, die Satire verdient hat. In jedem Fall aber ist Satire eine großartige Kunstform. Comedy ist auch manchmal okay. Beides ist kein Vorwand, um für die eigenen Worte keine Verantwortung tragen zu müssen. Wir leben in einem gesellschaftlichen Klima, in dem Comedy oder politisches Kabarett mit Millionenpublikum und Verantwortungslosigkeit sich nicht besonders gut vertragen.

Wenn du Witze über Juden machen willst oder über Frauen oder über Schwarze, dann kann das okay sein. Es kommt halt darauf an, was du damit erreichen willst.

Was also wollt ihr, Joyce Ilg und Faisal Kawusi? Außer ein paar Lachern und gezielter Provokation für die Reichweite? Ihr wollt alles sagen dürfen. Okay, dürft ihr. Aber etwas sagen zu dürfen, ist ja noch lange kein Grund, es auch zu sagen. Ich glaube, Witze über Betroffene sexualisierter Gewalt zu machen ist nicht, was die Satire meinte, als sie sagte, sie wolle die Mächtigen verspotten. Und ich glaube, wenn das alles ist, was ihr habt, dann sind die Satire und sogar die Comedy ein bisschen enttäuscht von euch.

«Das Schlosspark Theater wird, solange ich da ein bisschen mitzumischen habe, sich am Gendern nicht beteiligen. […] alles, was vonseiten des Theaters herausgegeben wird, wird nicht dazu dienen, die deutsche Sprache zu vergewaltigen.» — Dieter Hallervorden

Der Schauspieler und Kabarettist am 24. August 2021 bei der Vorstellung des Spielplans seines Theaters

Lieber Herr Hallervorden,

wenn Sie Gendern für eine Vergewaltigung der Sprache halten, stehen Sie damit in stolzer AfD- und CSU-Tradition. Was natürlich toll ist! Aber ich weiß nicht. Mir kommt das ein bisschen seltsam vor. Eine Vergewaltigung der Sprache? Die ersten Schritte in Richtung Gendern gab es schon vor Jahrzehnten. Und jetzt plötzlich will die Sprache vergewaltigt worden sein? Wieso fällt ihr das denn jetzt erst ein? Außerdem, was denkt die Sprache denn, was passiert, wenn sie in diesen viel zu kurzen Worten durch die Gegend läuft? Ist doch klar, dass sich das Gendern nicht beherrschen kann, wenn die Sprache ihre knackigen männlichen Formen zur Schau stellt! Wer so mit seinen maskulinen Endungen rumwedelt, muss sich nicht wundern! Da setzt beim Gendern halt der Jagdinstinkt ein.

Und selbst wenn da wirklich was war zwischen dem Gendern und der Sprache – ein bisschen wollte sie es doch wohl auch. Die Sprache braucht das ja sogar. Dieses Umgarntwerden von jungen Formen. Diesen Skandal um jedes neue Gewand. Die Sprache will, dass über sie gesprochen wird. Sie fordert das heraus! Ganz ehrlich: Es ist die Sprache! Als könnte die nicht «Nein» sagen! Wobei, sogar das Wort «Nein» klingt wie die weibliche Form von «na?». Wie soll das Gendern das denn als Zurückweisung verstehen?

Und dann ist es ja auch nicht so, als sei die Sprache grundsätzlich allen Entwicklungen abgeneigt. Ständig macht sie mit irgendeinem Jugendslang rum, lässt ihn nach ein paar Wochen wieder fallen und wundert sich dann, dass es heißt, sie sei leicht für Neues zu haben.

Nee, wenn hier jemand das Opfer ist, dann das Gendern! Es kann sich ja nirgendwo mehr blicken lassen, ohne gleich für alles Übel der Welt verantwortlich gemacht zu werden. Und das bloß, weil alle Mitleid mit der ach so schönen Sprache haben. Die bewahrt werden muss. Palim, Palim. Und das Gendern muss als Täter für alles herhalten. Dabei wollte es der Sprache nie, ich wiederhole: nie, etwas Schlechtes. Andere Sprachen können bestätigen, dass das Gendern ein großer Sprachliebhaber ist. Es hält Sprachen immer die Tür auf, es schenkt ihnen große Sträuße aus bunten Geschlechtern – das klingt ein bisschen wie Sträuße aus Geschlechtsteilen. Jetzt haben wir alle Bilder im Kopf. Egal: Es schenkt ihnen große Sträuße aus bunten Geschlechtern – und mehr als das: Es ist von einer Sprache geboren worden! Glauben Sie nicht, Herr Hallervorden, dass sich seiner Muttersprache das Innen nach außen kehren würde, wenn sie hören würde, dass man ihm jetzt Sprachenfeindlichkeit vorwirft? Aber das ist Ihnen natürlich egal. Dass das Gendern jetzt vor den Buchstaben seiner Existenz steht. Plötzlich haben alle Angst vor ihm. Überall wird die Frage diskutiert: Werden wir alle am Gendern sterben? Aber ganz ehrlich, was soll passieren? Haben Sie Angst, sich am gesprochenen Genderstern zu verschlucken und zu ersticken? Okay, das könnte vielleicht wirklich passieren. Deshalb schert sich auch niemand um den Klimawandel. Weil die Welt sowieso vorher durch geschlechtergerechte Sprache untergehen wird. Das ist doch das Bild, das die Sprache vom Gendern in die Welt setzt, und Sie glauben einfach ihren wilden Anschuldigungen!

Ach, das nennen Sie Täter-Opfer-Umkehr? Sie meinen, diese Verharmlosung von sexualisierter Gewalt geht gar nicht? Und dass das Gendern zu seiner Verantwortung stehen soll, anstatt sich hier als Leidtragender zu inszenieren? Na, da bin ich aber froh, dass das ab jetzt niemand mehr macht, wenn es nicht um Wortendungen, sondern um echte Vergewaltigungen geht. Und dass Sie sich, Herr Hallervorden, wenn Sie etwas scheiße finden, in Zukunft genauer überlegen, welche Metaphern Sie wählen.

«Wenn ich höre, dass in drei, vier Jahren 40 Prozent auf den Führungsposten Frauen sein sollen, dann verraten Sie mir bitte: Wohin soll ich all die Männer aussortieren?»
— Dieter Zetsche

Der damalige Vorstandsvorsitzende der Daimler AG am 25. September 2011 in einem Interview mit der Frankfurter Allgemeinen Sonntagszeitung

«Wir treten in eine Ära der Diskriminierung von Männern ein.»
— Tiemo Kracht

Der damalige Geschäftsführer bei Kienbaum Executive Consultants am 14. August 2012 in der WirtschaftsWoche

«Die Zeit ist reif für eine Volkinitiative zur Verbannung der grammatisch falschen Gendersprache aus Schulen und Behörden.»
— Christoph Ploß

Der Vorsitzende der CDU Hamburg am 6. Januar 2023 auf Twitter

«Sobald ich gegenderte Sprache höre oder lese, wird mir körperlich übel.»
— Heinz Rudolf Kunze

Der Liedermacher am 21. August 2022 bei stern TV

«Propagandasprache eines radikal queer feministischen Weltbilds»
— Sabine Mertens

Das Vorstandsmitglied des «Vereins Deutsche Sprache» Anfang 2023 im Rahmen der Hamburger Volksinitiative «Schluss mit der Gendersprache in Verwaltung und Bildung»

Liebe Herren, werte Quotendame,
hallo Sprachpolizei,

Frauen sind seltsame Wesen. Sie benehmen sich wie eine unterdrückte Minderheit. Aber wir sind keine unterdrückte Minderheit. Wir sind eine unterdrückte Mehrheit! Was für ein absurder Gedanke in einer nach dem Mehrheitsprinzip funktionierenden Demokratie. Klar, es gibt Gründe, aus denen das Patriarchat entstanden ist. Aber wieso hat es heute noch Bestand? Wieso entscheiden wir als weibliche Mehrheit uns nicht einfach dagegen?

Es gibt zwei Probleme in der Debatte über gesellschaftlich relevante Themen. Feminismus, Rassismus, Klimakrise. Alles, was nervt, hat dieselben beiden Probleme: dass es eine alte Diskussion ist und dass es eine neue Diskussion ist.

Punkt eins: Die Diskussion ist alt. Wie diskutieren wir zum Beispiel über feministische Themen? Über die Frauenquote, über männliche Gewalt, übers Gendern? Obwohl, wie wir übers Gendern diskutieren, ist einfach. Eine Person sagt irgendwas mit «innen», eine andere antwortet: «Aaaaah, du verschandelst meine schöne deutsche Sprache!», eine dritte sagt: «Die deutsche Sprache gehört dir nicht, du elender Sexist!», eine vierte brüllt: «Klappe, du Sprachnazi!», eine fünfte ruft: «Hat hier jemand ‹Nazi› gesagt? Mit wem kann ich mich prügeln?» Und die meisten anderen denken: Ach, lasst mich doch einfach in Ruhe mit dem Scheiß.

Deshalb rede ich nicht mehr übers Gendern. Sonst bin ich ja doch bloß wieder die Trulla, die eine Sprachdiktatur errichten und alle, die nicht mitmachen, mit Gendersternchen erschlagen will.

Nein, nehmen wir als Beispiel lieber die Frauenquote! Das Problem dabei ist, dass wir uns viel zu viel mit Fakten aufhalten. Natürlich könnte ich jetzt wieder Fakten aufzählen. Aber die haben Sie alle schon mal gehört. Das heißt: Entweder wissen Sie das alles längst, oder Sie haben auch bisher immer weggehört, wenn Ihnen jemand Fakten über die Benachteiligung von Frauen erzählen wollte. Warum sollten Sie also nicht auch jetzt weghören? Weil wir uns heute nicht mit Fakten aufhalten! Das Problem an all den Diskussionen über anstrengende Themen ist die Wiederholung. Wir diskutieren immer wieder über dieselben Themen, auf immer wieder dieselbe falsche Art, und wir fangen immer wieder bei null an. Und deshalb kommen wir nie weiter. Das nervt. Selbst wenn man die Diskussion grundsätzlich gut findet, selbst wenn man das Thema wichtig findet, ist man genervt, wenn es SCHON WIEDER ums Tempolimit geht. Oder SCHON WIEDER Karl Lauterbach bei Markus Lanz sitzt. Oder wenn auf Twitter SCHON WIEDER irgendwelche woken Linken aufschreien, weil SCHON WIEDER irgendein Wort nicht mehr gesagt werden soll. Wir haben das einfach alles schon zu oft gehört. Irgendwann ist es sogar egal, wer recht hat.

Stellen Sie sich vor, Sie müssten Ihren absoluten

Lieblingsfilm immer wieder gucken, jede Woche dreimal. Sie würden ihn hassen. Vor allem, wenn Ihr Lieblingsfilm *Und täglich grüßt das Murmeltier* heißt. Dann müssten Sie immer wieder denselben Film darüber sehen, wie sich immer wieder derselbe Tag wiederholt. Und genau das tun wir. Wir fahren immer wieder denselben Film ab, sobald ein Reizthema aufkommt. Provokation, Empörung, Halbwahrheiten, noch mehr Empörung, noch mehr Provokation, bis alle denken: Ach, lasst mich doch einfach in Ruhe mit dem Scheiß.

Und das ist sehr verständlich. Die Sache ist nur: Damit löst man keine Probleme. Probleme löst man, indem man einen Konsens findet, den kleinsten gemeinsamen Nenner, das, worauf wir uns einigen können. Und damit sind wir wieder bei den Fakten. Denn auf die müssen wir uns einigen. «Ich will mich nicht mit Fakten aufhalten» bedeutet nicht, die Fakten zu ignorieren, sondern sie anzuerkennen, damit wir sie nicht immer wieder durchkauen müssen. Damit wir nicht immer wieder bei null anfangen müssen.

Wenn wir über die Frauenquote reden wollen, müssen zunächst mal alle anerkennen, dass es ein Problem gibt. Dass das Problem bei der gläsernen Decke, dem Gender Pay Gap, den schlechter bezahlten «Frauenberufen» und den Boys Clubs liegt. Und dass die Frauenquote nicht das Problem ist, sondern ein Werkzeug, das bei der Lösung helfen soll – und zugleich neue Probleme erschafft, ich weiß. Sie ist ein unvollkommenes Werkzeug. Aber Frauen können ja nichts dafür, dass bislang noch niemand ein besseres Werkzeug gefunden hat. Man sollte die Schuld für die mangelnde Perfektion der Lösung nicht bei denen suchen, die von einem Missstand betroffen sind. Dasselbe gilt fürs Gendern.

Aber darüber rede ich ja nicht mehr.

Na gut, ganz kurz vielleicht:

Eigentlich ist es sogar ein ziemlich gutes Beispiel. Da kann sich nämlich niemand auf irgendwas einigen. Es ist das Un-Thema des Jahrhunderts, es ist das perfekte Beispiel für die schlimmste Form von Debatte. Es ist wirklich faszinierend. Man muss das Wort «Gendern» nur denken, und schon fängt irgendjemand an, laut zu brüllen. Es ist ein Wunder! Es ist, als würden Menschen riechen, wenn jemand in naher Zukunft etwas übers Gendern gesagt haben wird. Und deshalb brüllen sie einfach schon mal vorsorglich. Und das ist jedes Mal so. Immer wieder. Und es ist übrigens kein Zufall. Es liegt nicht zuletzt daran, dass das Gendern als Aufregethema politisch instrumentalisiert wird. Angeblich, weil die Linken und Grünen ständig allen mit ihren Genderdiktaturfantasien in den Ohren liegen. Und so ist es ja auch! – Na ja, oder es ist das, was man so schön «Framing» nennt. Tatsächlich benutzt die AfD auf Facebook und Twitter mehr als achtmal so häufig das Wort «Gender» wie der Durchschnitt aller anderen Parteien. Und dabei sind Sie, Herr Ploß, gar nicht in der AfD. Wer also nervt ständig mit dem Thema? Es ist Stimmungsmache, die jede konstruktive Diskussion über gerechte und inklusive Sprache unmöglich machen soll. Und ich glaube, die Taktik war erfolgreich. Die Konditionierung funktioniert ganz wundervoll. Die Diskussion über geschlechtergerechte Sprache ist getötet worden, ohne auch nur einmal vernünftig geführt worden zu sein. Die Mehrheit der Bevölkerung hört das Wort «Gendern» und denkt sofort: Ach, lasst mich doch einfach in Ruhe mit dem Scheiß!

Aber wir wollen es ja besser machen.

Was also tun wir? Wir suchen den Konsens. Wir wollen miteinander reden. Können wir uns darauf einigen? Okay, nicht alle mit allen, aber wir alle wollen mit irgendjemandem reden. Ich glaube, darauf können wir uns einigen. Bis auf die zahlreichen Mönche mit Schweigegelübde natürlich, die das hier lesen. Aber ganz ehrlich, Mönche, wie wollt ihr euch beschweren? Darf man, wenn man ein Schweigegelübde abgelegt hat, trotzdem noch Hasskommentare schreiben? Ich weiß es nicht, aber ich fürchte, ich werde es erfahren.

Also: Die meisten von uns wollen mit Menschen reden. Wir wollen verstanden werden. Wir wollen eine Sprache, die einfach ist und schön und in der wir trotzdem genau das sagen können, was wir meinen. Darauf können wir uns vermutlich auch noch einigen, aber da stehen wir auch schon vor einem Problem. Denn manchmal meinen wir ja Dinge, die etwas komplizierter sind als «Der Tisch ist braun». Wenn man zum Beispiel sagt: «Der Mensch ist braun», kann das ein Kompliment sein, eine rassistische Aussage oder eine antirassistische Aussage. Alles möglich. Um das zu klären, brauchen wir Kontext, also mehr Worte. Je komplizierter das Gemeinte, desto komplexer muss die Sprache sein.

Eine Lösung dafür wäre: einfach nichts Kompliziertes mehr meinen. Es gibt Leute, Institutionen und Parteien, die das mit Freude praktizieren. Das Problem daran ist, dass unsere Aussagen dann nur noch bedingt mit der Realität zu tun haben. Weil die Realität nun mal hin und wieder komplex ist. Und sie lässt da auch nicht mit sich verhandeln. Wenn zum Beispiel Wolfgang Kubicki mitten in einer Pandemie sagt: «Wenn jemand Angst hat, soll er zuhause bleiben», ist das ein schön einfacher Satz, der nach einer schön einfachen Lösung klingt. Aber leider ändert er nichts an der Realität, in der erstens nicht alle, die Angst haben, zuhause bleiben können und sich zweitens auch Angstfreie mit dem Virus infizieren, es weiterverbreiten, die Intensivstationen überlasten und im schlimmsten Fall sterben. Das war ein weniger einfacher und weniger schöner Satz, aber dafür hatte er ein etwas engeres Verhältnis zur Realität.

Manchmal müssen wir uns also entscheiden: Wollen wir eine einfache Sprache, oder wollen wir sagen, was wir meinen und was die Realität abbildet?

Und genau das Problem haben wir bei der Sache mit dem «innen» und dem Sternchen. Es ist völlig unmöglich, in der deutschen Sprache nicht zu gendern. Auch wenn wir nur die männliche Form benutzen, gendern wir. Wir sagen dann halt: «Das sind nur Männer.»

Das generische Maskulinum wurde nicht eingeführt, um Frauen mitzumeinen, es wurde eingeführt, um eine Welt zu beschreiben, in der Frauen gesellschaftlich keine Rolle gespielt haben. Ich weiß nicht, wie es Ihnen geht, aber ich finde eigentlich ganz gut, dass sich das geändert hat. Es ist also ein völlig absurder Gedanke, dass sich nicht auch die Sprache ändern sollte. Wie sie sich ändert, ob die jetzige Form mit «innen» und Sternchen die beste Form ist, was praktikabel ist, woran wir uns gewöhnen können und wollen, ist ja noch eine andere Frage. Aber wir müssten uns halt erst mal darauf einigen, dass es ein Problem gibt. Und dass das Sternchen nicht das Problem ist, sondern ein unvollkommenes Werkzeug, das bei der Lösung helfen soll. Ein Problem existiert ja nicht erst, wenn alle ein Problem haben. Streng genommen existiert es schon, wenn nur eine Person ein Problem hat. Und wenn ein Großteil der Gesellschaft davon betroffen ist, sollte sich die Gesellschaft vielleicht damit beschäftigen.

Ich weiß, ein Großteil der Deutschen, auch der Frauen, lehnt geschlechtergerechte Sprache ab. Aber das bedeutet nicht, dass dieser Großteil nicht von der männlich geprägten Sprache betroffen ist. Sprache formt Bewusstsein, ob man das nun wichtig findet oder nicht. Es gibt Studien, die belegen, dass Menschen bei Berufsbezeichnungen in der männlichen Form viel eher an Männer denken, dass sich Mädchen eben nicht angesprochen fühlen, dass sich Frauen eher nicht auf eine männlich formulierte Stellenausschreibung bewerben.

Es ist natürlich trotzdem interessant, dass eine Mehrheit der Frauen sagt: «Mir egal, ob ich in unserer Sprache vorkomme.» 37,5 Prozent der Frauen sind auch gegen eine Frauenquote. Und ich weiß nicht, wer lustiger ist: diese Frauen oder zum Beispiel die Grünen-Politikerin Katharina Schulze, die sagt: «Ich bin stolze Quotenfrau.» Klar, Katharina, du musst dich natürlich nicht schämen, aber ist das Konzept «Stolz» nicht eines, das zumindest entfernt mit der eigenen Person zu tun haben sollte?

Und damit kommen wir zum zweiten Problem in unseren gesellschaftlichen Debatten: dass sie neu sind. Kein Mensch lässt sich gerne sagen, dass er etwas sein Leben lang falsch gemacht hat. Wir alle sind ohne Gendern aufgewachsen. Und plötzlich kommen irgendwelche Leute, gerne jüngere Frauen, und fragen: «Wieso macht ihr das eigentlich nicht?» Der Vorwurf an die Frauen, der darin mitschwingt, ist sogar noch größer als der an die Männer: «Wieso habt ihr euch und uns dieses Recht nicht erkämpft?» Das ist doch supernervig! Natürlich hat darauf niemand Lust.

Wenn wir in diese Welt geboren werden, nehmen wir sie erst mal, wie sie ist. Wir lassen sie uns zeigen von Erwachsenen, die sagen: Guck mal, das Gras ist grün, der Himmel blau, Mädchen tragen Rosa, Jungs tragen die Welt. Wir sehen die Sonne und die Schwerkraft, sehen, dass Vögel fliegen und Menschen nicht, sehen uns selbst in einem großen Haus wohnen und andere in einem kleinen oder uns in einem kleinen und andere in einem großen, und wir denken, dass es so ist und dass es so sein muss.

Wir lernen die Welt in ihrem Istzustand.

Und dann werden wir älter und unser Geist weiter, und wir fragen uns: Muss es denn so sein? Wäre es anders nicht besser?

Diese Fragen stellen sich natürlich nicht alle Menschen. Meist nur die, die mit einem Zustand unzufrieden sind. Die auch fliegen wollen, zum Beispiel. Die bauen dann Flugzeuge. Wenn wir in einem großen Haus wohnen, gucken wir nicht die Leute in dem kleinen Haus an und denken: Andersherum wäre es bestimmt besser. Wieso ist die Welt so ungerecht? Wir gucken sie an und denken: Na, die haben aber auch nicht alles richtig gemacht in ihrem Leben!

Wenn wir aber in dem kleinen Haus leben, gucken wir das große Haus an und fragen uns: Wieso darf ich da nicht wohnen? Und dann gibt es zwei Möglichkeiten. Entweder, wir versuchen, nach den bestehenden Regeln zu spielen, um auch in einem großen Haus wohnen zu dürfen, wir tragen zum Beispiel als Mädchen ganz viel Rosa, um einen Jungen zu finden, der uns in ein großes Haus trägt. Oder wir sehen, dass die meisten Menschen in viel zu kleinen Häusern wohnen und nur ganz wenige in großen Häusern. Und dann hinterfragen wir das System. Dann zweifeln wir die Richtigkeit der Regeln an. Das ist ziemlich anstrengend und mühselig, deshalb tun das nicht so viele. Zugleich ist es anstrengend und mühselig, WEIL es nicht so viele tun. Denn alle haben die Welt in ihrem Istzustand gelernt. Und viele sind in ihrem eigenen Istzustand geblieben: So ist es, so war es schon immer, also muss es auch so bleiben. Das ist die einzig plausible Erklärung für jede Form von Tradition: Wir machen das, weil wir das schon immer gemacht haben. Also eigentlich: Wir machen das, weil wir das machen. Das ist doch mal eine schlüssige Argumentation.

Es gab mal ein Experiment, bei dem eine Versuchsperson in ein Wartezimmer voller Statist*innen geführt wurde, in dem alle aufstanden, sobald ein Piepton erklang. Piep, alle stehen auf und setzen sich dann wieder hin. Die Versuchsperson sah sich um, passte sich an und machte mit. Mehr noch: Sogar als alle eingeweihten Statist*innen den Raum verlassen hatten, führte die Versuchsperson das objektiv sinnlose Verhalten fort. Piep, Aufstehen, Hinsetzen. Es ist eines dieser Experimente, von denen ich wünschte, sie wären nie durchgeführt worden, weil sie mehr über den Menschen aussagen, als ich je über ihn wissen wollte.

Denn es erklärt nicht nur traurige Traditionen, es erklärt auch, wieso es oft so lange dauert, bis sich eine Mehrheit in der Gesellschaft findet, um eine Ungerechtigkeit abzuschaffen. Viele Menschen wohnen in einem kleinen Haus und denken: Das war schon immer so, also wird es schon richtig sein. Ich bin lieber so nett wie möglich zu den Leuten aus dem großen Haus, dann lassen sie mich wenigstens ab und an zu Besuch kommen.

Ernsthafte Systemkritik ist kein beliebtes Hobby, nicht mal bei denen, die vom System benachteiligt werden. Deshalb gibt es Schwarze, die Donald Trump wählen, Homosexuelle in der katholischen Kirche, Jüdinnen in der AfD. Weil ... keine Ahnung, weil die Menschen alle wahnsinnig sind. Und genau deshalb gibt es auch Frauen, die gegen Feminismus sind. Weil wir alle im Patriarchat aufgewachsen sind. Wir alle haben uns unseren Platz darin gesucht. Nicht jeder Platz ist schlecht. Und selbst wenn du einen schlechten Platz erwischt hast: Um ihn zu wechseln, musst du immer noch aufstehen. Das ist anstrengend. Und viel einfacher ist es, zu denken: Ach, lasst mich doch einfach in Ruhe mit dem Scheiß.

ICH
GEGEN ICH
GEGEN ICH

«Ich dusche so lange, bis ich fertig bin.» — Wolfgang Kubicki

Der stellvertretende Bundesvorsitzende der FDP am 25. Juni 2022 im Interview mit der BILD

Herr Kubicki,

ich möchte Ihnen für diesen Satz danken. Ich finde ihn beruhigend. Nicht, dass ich mir Sorgen um Ihre Körperhygiene machen würde. Wir sind uns noch nie begegnet, und diesen Umstand zu ändern steht auf meiner Prioritätenliste nicht ganz weit oben, aber ich finde ihn trotzdem beruhigend, in dieser chaotischen Welt, bei all den Nachrichten, die uns selbst vor Schreck in der Dusche ausrutschen lassen. Bei all den Leuten, die irgendwas von uns wollen: dass wir sparen, uns einschränken, solidarisch sind und nicht mehr so lange duschen, um weniger Energie zu verbrauchen. All das könnte uns aus der Bahn werfen, aber das tut es nicht, denn wir haben ja immer noch eines: die Möglichkeit, uns Sie, Wolfgang Kubicki, unter der Dusche vorzustellen. Ich stelle mir das wirklich vor. Also jetzt nicht bildlich, und wenn doch, dann in einem gesitteten Closeup auf Ihr Gesicht. Aber ich stelle mir vor, dass Sie das *Spiegel*-Interview mit Robert Habeck gelesen haben, in dem dieser sagt, dass er seine Duschzeit verringert hat, und dass Sie, Herr Kubicki, daraufhin sofort wutschnaubend Ihr Handy zur Seite geworfen haben und, ohne sich zu entkleiden, unter die Dusche gestürmt sind. Einfach aus Trotz. Und mich befällt da ehrliche Anteilnahme. Nicht nur mit Ihnen, sondern ehrlich gesagt mit Ihrer gesamten Partei. Wirklich, ich habe Mitleid mit der FDP. Weil ich mir das so anstrengend vorstelle. Dieses ewige Pochen auf die eigene Freiheit. Da muss man ja wirklich immer, wenn jemand, selbst mit guten Argumenten, irgendein Anliegen hat, genau das Gegenteil tun. «Schnall dich bitte an», «Pass auf, dass du dir mit dem Messer nicht in den Finger schneidest», «Geh nicht zu nah an den Abgrund, damit du nicht runterfällst.» Wie, Herr Kubicki, haben Sie bloß bis heute überlebt?

Sie sind so ein «Nee, super, aber für mich gilt das jetzt nicht, oder?»-Typ. Das hat schon mit der Pandemie nicht so richtig harmoniert, wieso sollte es das in irgendeiner anderen Situation tun, in der gesellschaftliche Solidarität gefragt ist?

Aber das macht ja nichts. Wenn die Energiepreise steigen, wenn ein paar von uns vielleicht im Winter frieren, wenn wir in einigen Jahren am Klimawandel untergehen, haben wir alle immer noch diesen einen beruhigenden Gedanken: Sie, Wolfgang Kubicki, sind frisch geduscht.

«Ich bin wie eine dieser Trägerraketen, die ihre Aufgabe erfüllt hat. Ich werde nun sanft in die Atmosphäre zurückkehren und unsichtbar in einer abgelegenen und dunklen Ecke des Pazifiks niedergehen.»
— Boris Johnson

Der scheidende britische Premierminister bei seiner Abschiedsrede am 6. September 2022

Das war's also, Herr Boris Johnson. Die Downing Street muss fortan ohne Sie auskommen. Und wie es sich gehört, haben Sie zum Abschied eine Rede gehalten, haben Ihrer Nachfolgerin Ihre Unterstützung zugesichert, das Übliche halt. Und ich finde das, was Sie darin gesagt haben, irgendwie schön. Dieses Beanspruchen der Deutungshoheit über die eigene Amtszeit, dieses bescheidene Bild, das Sie gewählt haben – denn wer auf diesem Planeten hat beim Gedanken an Sie, Herrn Johnson, nicht direkt eine Rakete vor Augen? –, diese unaufdringliche und genügsame Einschätzung, dass Sie derjenige waren, der das Land auf den richtigen Weg gebracht hat, der sich nun verdient, freiwillig und guten Gewissens zurückziehen kann: All das hat so wunderbar wenig mit der Realität zu tun. Und ich bin ja großer Fan von Fiktion. Jaja, «das Leben schreibt immer noch die besten Geschichten». Ehrlich gesagt: geht so. Das Leben mag ein paar nette Geschichten schreiben, aber die meisten haben nur eine mittelgute Dramaturgie. Außerdem kommen eindeutig zu selten glückliche Liebesgeschichten, Drachen und Raketen darin vor. Deshalb ist es so schön, Ihnen zuzuhören.

Ich weiß, in der Politik ist die Fiktion ein gefährliches Mittel. Es ist ein Werkzeug des Populismus und des Machtmissbrauchs. Aber selbst wenn man das im Hinterkopf behält, schmälert es nicht die Freude an Ihrer Rede, Herr Johnson. Im Gegenteil: Erst dadurch weiß man sie als das zu schätzen, was sie ist: eine Abschiedsrede.

«Ich bin nicht käuflich.» — Philipp Amthor

Der Bundestagsabgeordnete (CDU) am 12. Juni 2020 auf Instagram als Reaktion auf seine Lobbyismus-Affäre

Herr Amthor,

natürlich sind Sie nicht käuflich! Ich glaube Ihnen, dass Sie das glauben, denn vermutlich kommen Sie einfach nicht dazu, die Nachrichten zu lesen. Sonst wüssten Sie ja, dass das nicht stimmt. Aber das ist bei vielen Leuten so, die zwei Jobs gleichzeitig haben, um über die Runden zu kommen. Da bleibt einfach nicht viel Zeit für so etwas wie Zeitung lesen.

Ich weiß nicht, wann ich zuletzt jemanden gesiezt habe, der jünger ist als ich, aber ich habe das Gefühl, dass Ihnen das wichtig sein könnte. Dass Sie ernst genommen werden wollen als erwachsener, vollwertiger CDU-Politiker. Und das ist Ihr gutes Recht. Ich habe bislang noch kaum etwas anderes über Sie gelesen als Witze. Witze über Ihr Alter. Witze über Ihr Äußeres. Und ich finde Witze über Äußerlichkeiten nie gut. Die Sache bei Ihnen ist nur, dass die Kombination Ihres Äußeren mit Ihrem Inneren – und nur diese Kombination – tatsächlich lustig ist. Und verstehen Sie mich nicht falsch: Damit möchte ich keineswegs Ihr Äußeres beleidigen, sondern Ihr Inneres. Wie kann man mit nur dreißig Jahren schon so alt sein?

Trotzdem: Ich verstehe, dass Sie genervt sind von all den oberflächlichen Witzen über Aspekte Ihrer Person, die mit Ihrem Job, also Politik, nichts zu tun haben. Ich verstehe das wirklich. Ich wünsche mir auch oft sachliche, differenzierte Kritik zu meinen Texten und bekomme stattdessen Kommentare wie: «Geile Titten, die Alte.» Ja, das nervt. Und klar, wir alle wollen für unser Handeln beurteilt werden und nicht für unser Aussehen – außer Models vielleicht, aber da ist das Aussehen an sich ja schon eine Handlung. Ich muss aber zugeben, dass ich durchaus beeindruckt davon bin, wie weit zu gehen Sie dafür bereit sind. Und Sie haben es ja geschafft: Nun sieht in Ihnen niemand mehr den kleinen Jungen, der sich als Friedrich Merz verkleidet hat. Jetzt, endlich, sehen Sie alle als das, was Sie sind: ein käuflicher, korrupter, alter Mann. Oder auch: ein vollwertiger CDU-Politiker. Herzlichen Glückwunsch.

«Letztendlich opfere ich auch meine eigene Jugend für diesen Job.» — Emilia Fester

Die Bundestagsabgeordnete (Grüne) am 12. Mai 2022 im Interview mit dem Spiegel. Zu dem Zeitpunkt war sie mit vierundzwanzig Jahren die jüngste Bundestagsabgeordnete.

Kaum entfloh'n der Babywiege
Kaum entkommen Mamas Schoß
Mit vierundzwanzig Führungsriege
Ja, das ist ein hartes Los

Vor dir noch dein ganzes Leben
Doch in diesem Job gefang'n
Vierundzwanzig, wart mal eben
Ob man da schon laufen kann?

Ist Kinderarbeit jetzt legal?
Was läuft in dieser Welt bloß schief?
Ist Politik echt so brutal?
Dein Schicksal, das berührt mich tief

Du hast das Recht doch zu gedeihen
Jung zu sein, ganz ungeniert
Ich würd' gern helfen, dich befreien
Sag, was ich tun soll, ich bin hier!

Mag sein, du machst das freiwillig
Und wirst dafür sehr gut bezahlt
Mag sein, du bist auch längst erwachsen
Und hast das Privileg der Wahl

Mag sein, du machst dich selbst zu klein
Wenn du mit Mitte zwanzig denkst
Du seist noch keine Frau, oh nein
Du seist ein Kind, das sich verschenkt

Mag sein, mag sein, mag sein, doch ehrlich:
Du willst, dass wir dein Opfer sehen
Fühlst dich dann erst unentbehrlich
Und ich kann das schon verstehen

Wir alle wollen Anerkennung
Für die Zeit, die wir verprassen
Doch schön, dass du dich selber opferst
Du kannst es nämlich einfach lassen

«Für mich sind die Grünen die heuchlerischste, abgehobenste, verlogenste, inkompetenteste und gemessen an dem Schaden, den sie verursachen, derzeit auch die gefährlichste Partei, die wir aktuell im Bundestag haben.»
— Sahra Wagenknecht

Die Bundestagsabgeordnete (Die Linke) am 20. Oktober 2022 auf YouTube

Nein, Sahra, nein, das ist nicht fair
Das hab'n die Grünen nicht verdient!
Dass sie sich durchaus Mühe geben
Klar, das will ich nicht bestreiten

Doch tun die anderen nicht mehr
Wofür sich dieser Orden ziemt?
Hör mal, wie CDUler reden
Von Korruption zu Kohle gleiten

Die FDP, die frisst und frisst
Und «Freiheit, Freiheit, Freiheit!» brüllt
Kaum mehr als AfD mit Schminke
Die nichts als Ich und Ego kennt

Die SPD, die stets vergisst
Die AfD, der größte Müll
Und keine toppt jemals die Linke
Solang sie dich ihr Eigen nennt

«Warum die Medien schon Bescheid wussten? Weil es sich um eine Inszenierung zur Unterdrückung der Opposition handelt und die Fakten Erfinder der Tagesschau Komplizen der Regierung sind.»
— Harald Laatsch

Der Sprecher für Bauen und Wohnen der AfD-Fraktion am 10. Dezember 2022 auf Twitter in Bezug auf die Großrazzia in der Reichsbürgerbewegung am 7. Dezember 2022

Wissen Sie, an wen Sie mich erinnern, Herr Laatsch? An jemanden aus der AfD. Klar, das sind Sie auch, aber könnten Sie nicht etwas weniger dem Klischee entsprechen? Das kauft Ihnen doch niemand ab! Wirklich, ich glaube das nicht. Ich glaube – und jetzt kommt meine eigene Verschwörungstheorie –, ich glaube, Sie sind ein verdeckter Ermittler, der versucht, möglichst überzeugend einen AfD-Politiker zu spielen, und der seine Rolle ein bisschen übertreibt.

«Niemand hat die Absicht, eine Mauer zu errichten.»
— Walter Ulbricht

Der damalige DDR-Staatsratsvorsitzende bei einer Pressekonferenz am 15. Juni 1961

«Ich werde eine große Mauer bauen – und niemand baut Mauern besser als ich, glauben Sie mir –, und ich baue sie sehr kostengünstig. Ich werde eine große, große Mauer an unserer südlichen Grenze bauen, und ich werde Mexiko für diese Mauer bezahlen lassen.»

– Ein Niemand

«I WON THE ELECTION!» — Donald Trump

Der frisch abgewählte US-Präsident am 16. November 2020 auf Twitter

Mister Trump,

Sie haben die Wahl verloren. Und damit sind Sie nach vielen, vielen Jahren endlich mal wieder der Realität begegnet. Ich frage mich: Wie war das so für Sie? Haben Sie die Realität überhaupt wiedererkannt? Sie hatten einander ja wirklich lange nicht gesehen. Und bei Ihren bisherigen Treffen waren Sie nicht besonders nett zu ihr. Sie haben sie ignoriert, beleidigt und verleugnet. Ist die Realität sauer auf Sie, Mister Trump? Ist sie nachtragend?

Ich stelle mir vor, wie Sie sich bei Kerzenschein gegenübersitzen, die Realität und Sie, zwischen Ihnen ein üppiges Menü aus peinlicher Stille und der Schmach der vergangenen Jahre. Die Realität weiß, dass sie nie gut genug für Sie war. Sie war zu langweilig, zu unbequem, zu hässlich und zu schwach. Natürlich hat sie versucht, Sie zu reizen, hat Sie in eine Millionärsfamilie geboren und Sie zum Präsidenten der USA gemacht. Die Realität hat sich für Sie so schön gemacht, wie sie konnte, aber nichts davon hat Ihnen gereicht. Ständig hatten Sie Affären mit Lügen und alternativen Fakten. Was, wenn Sie die Realität fragen würden, dasselbe ist. Aber Sie fragen die Realität ja nicht. Sie haben sie nicht mal zu Ihrer Amtseinführung eingeladen. Dabei wäre sie bestimmt gekommen, was die Teilnehmerzahl immerhin ungefähr verdoppelt hätte. Natürlich hat die Realität versucht, Sie einzuholen. Sie ist Ihnen nachgelaufen, doch Ihre Lügen haben Sie fortgetragen, denn wenn Lügen etwas können, dann schnell sein.

Vielleicht hat die Realität jetzt einfach die Nase voll. Vielleicht hat sie sich gedacht: Wenn der Herr Präsident mich selbst von meiner schönsten Seite nicht mag, dann zeige ich ihm halt eine meiner hässlichen Seiten. Und nun müssen Sie, Mister Trump, plötzlich wieder mit der Realität an einem Tisch sitzen. Sie müssen sie nicht mögen. Aber Sie können sie auch nicht länger ignorieren.

«Andy, du bist so 1 Pimmel» — @pauli_zoo

Der Twitteruser am 21. Juni 2021 an den Hamburger Innensenator Andy Grote (SPD)

Herr Grote,

Hamburger Innensenatoren, zumindest ehemalige, sind nicht für ihr gutes Gedächtnis bekannt. Deshalb möchte ich Sie, für den Fall, dass Sie ihn vergessen haben sollten, an einen Satz erinnern: «Andy, du bist so 1 Pimmel».

Das ist nur ein Zitat! Und es ist so eine schöne Geschichte: Das Pimmelgate. Wochenlang hat sich das Internet mit nichts anderem beschäftigt. Neuer Bundestag? Klimagipfel? Rassismus auf der Buchmesse? Alles war egal, denn: Da hatte jemand «Pimmel» gesagt! Folgendes war passiert: Sie, Herr Grote, Hamburgs Innensenator, haben mitten in der Pandemie eine fette

Corona-Party gefeiert. Und dann hat Sie jemand auf Twitter mit dem männlichen Geschlechtsteil verglichen. Also mit jenem formschönen, mächtigen Ding, das Nachwuchs zeugen, Frauen und Männer beglücken und das Weltgeschehen lenken kann. Dieses freundliche Kompliment wurde in folgende poetische Worte gefasst: «Du bist so 1 Pimmel.»

Sie haben daraufhin das getan, was jeder Mensch getan hätte, der nicht mit Komplimenten umgehen kann: Sie haben Strafantrag gestellt und dafür gesorgt, dass um sechs Uhr morgens die vermeintliche Wohnung des Kommentarschreibers durchsucht wurde. Völlig normale, angemessene Reaktion. «Du sagst ‹Pimmel›, ich schicke dir sechs Beamte vorbei, die deine Kinder erschrecken!»

Aber die Geschichte hört da nicht auf! Diese Hausdurchsuchung fanden viele Leute so albern, dass die Internetgemeinde ein bisschen zu viel Spaß hatte und wenig später überall in Hamburg «Andy, du bist so 1 Pimmel»-Aufkleber zu finden waren. Es gab sogar ein Fake-*Spiegel*-Cover, auf dem stand: «Mensch Andy, sei doch nicht so steif.»

Und das war natürlich alles überhaupt nicht lustig! Und weil das alles überhaupt nicht lustig war, wurden diese Aufkleber anschließend fleißig von der Hamburger Polizei übermalt, abgekratzt oder mit der polizeilichen Berufsehre in den Gully gespült.

Und ich finde das toll. Wirklich! Endlich wurde mal etwas gegen Hass im Netz unternommen! Bis dahin war das ja eher schwierig. Ich habe zum Beispiel auch schon Leute wegen Hass im Netz angezeigt, und da gab es nie eine Hausdurchsuchung. Aber ich muss fairnesshalber zugeben: Mich hat auch nie jemand «Pimmel» genannt. Mir haben sie bloß geschrieben, man solle mich vergewaltigen oder mir den Kopf abschneiden. Das ist natürlich nicht dasselbe. Ich habe da vielleicht auch einfach ein bisschen überreagiert. Tut mir leid, ich bin da manchmal ein wenig – wie nennt man das bei uns Frauen? – hysterisch.

Aber bei Ihnen, Herr Grote ... Ist doch toll, dass die Polizei da mal gezeigt hat, was sie in Bezug auf Hass im Netz leisten kann. Das Blöde ist nur, dass die Polizei jetzt gezeigt hat, was sie in Bezug auf Hass im Netz leisten kann. Täter ausfindig machen, Tatwaffe sicherstellen, Delikt ernst nehmen: Das geht! Solange das Opfer der eigene Chef ist. Und ich will ja nichts sagen, aber ich glaube, die Polizei hat sich da ein bisschen verraten. Denn jetzt wissen wir ja, dass das geht. All die Menschen, die regelmäßig im Internet rassistisch oder sexistisch beleidigt werden und deren Strafanträge immer wieder ins Leere laufen, die wissen nun: Es geht. Wenn ihnen nicht geholfen wird, dann aus dem einfachen Grund, dass sie nicht Andy Grote heißen.

Und deshalb, Herr Grote, haben Sie sich ein Gedicht verdient:

Herr Senator! Welche Ehre!
Ist das die Form, Sie anzusprechen?
Weil Sie sich sonst rechtschaffen wehren
Und mit 'ner Hausdurchsuchung rächen?

Ach Andy, weißt du, Hass ist schlimm
Doch and're werden abgewimmelt
Und zeitgleich wird nun sehr bestimmt
In deinem Namen rumgepimmelt

Die Polizei folgt ihrem Chef
Markiert ihr Polizeirevier
Und du verteidigst nur DEIN Recht
Das find ich etwas klein von dir

Denn wenn du derart mächtig bist
Die Kränkung dir nichts Böses kann
Dann, ob nun Pimmel oder nicht
Kommt's halt auf die Größe an

«Cancel culture needs to be canceled!!» — Elon Musk

Der Twitterchef am 30. November 2022
auf seiner eigenen Plattform

Natürlich kannst du Twitter kaufen
Klar, du brauchst ja was zum Spielen
Kannst Macht aus deinem Geldpool saufen
Und kannst mit Meinungsfreiheit dealen

Du kannst Demokratie besitzen
Du kannst ihr Held sein und ihr Licht
Kannst bis zur Glut sie gar erhitzen
Doch zu steht sie dir trotzdem nicht

«Die Befürchtung ist, dass er [Elon Musk] die Grenzen des Sagbaren weiter ausdehnen könnte.» — Anne Gellinek

Die stellvertretende ZDF-Chefredakteurin
am 28. Oktober 2022 im heute journal

Elon Musk hat Twitter gekauft. Habt ihr nicht mitbekommen? Kein Wunder. Das ist ja durch seine zurückhaltende, bescheidene Art an den meisten völlig vorbeigegangen. Er hat diesen Deal ohne Brimborium, ohne Hin und Her, geradezu geheim abgeschlossen, wie es Menschen des gehobenen Mittelstands ohne großen Geltungsdrang nun mal tun. Deshalb ist er natürlich auch nicht an seinem ersten Arbeitstag mit einem Waschbecken und den Worten «Let that sink in» in die Twitterzentrale marschiert, zum Glück!, denn das wäre wahnsinnig unangenehm gewesen – vor allem für das Waschbecken, das vermutlich nichts anderes wollte, als den ihm zugedachten Zweck zu erfüllen: sich mit Wasser, Zahnpasta und den Tränen abendlicher Resignation berieseln zu lassen, und das nun stattdessen als Symbol für leicht peinliche Dad Jokes herhalten muss. Also müsste, denn das ist natürlich nicht passiert. Genauso wenig wie es nun Grund zur Besorgnis gibt, weil Elon Musk die Plattform im Namen der Meinungsfreiheit zu einem Spieleparadies für Leute wie Donald Trump zu machen droht.

Klar könnt ihr jetzt sagen: «Was interessiert mich Twitter, da hängt ja eh nur das abgehobene Bildungsbürgertum ab, mir doch egal», und das mag zum Teil auch stimmen. Es ist nur eine kleine Minderheit der Gesellschaft auf Twitter. Aber vor allem hängen auf Twitter die sendungsbewussten Leute ab, die, denen es nicht reicht, Politik im Wohnzimmer zu diskutieren. Die Leute, die den öffentlichen Diskurs prägen, die auch in Talkshows sitzen oder Talkshows besetzen oder Zeitungen besitzen oder sich auf Themen setzen, bis sie Aufmerksamkeit bekommen. Diese Leute kann man blöd finden, aber egal sind sie nicht, weil sie öffentlich reden und von vielen Menschen gehört werden.

Die stellvertretende ZDF-Chefredakteurin Anne Gellinek hat vor ein paar Tagen im *heute journal* unter anderem das hier über Elon Musk gesagt: «Die Befürchtung ist, dass er die Grenzen des Sagbaren weiter ausdehnen könnte.»

Und plopp, schon war sie da, die nächste künstlich aufgeblasene Diskussion auf Twitter über Meinungsfreiheit, über den zwangsalimentierten Staatsfunk, der Zensur fordert und Andersdenkende mundtot machen will und sowieso nur linksgrünversiffte Regierungspropaganda verbreitet und ... Sorry, ich kann mir nicht all eure Phrasen merken.

Zunächst mal: Es gibt keine Grenzen des Sagbaren. Spätestens seit wir wissen, dass das hier der echte Name einer Gemeinde in Wales ist und es Menschen gibt, die den Namen in voller Länge aussprechen können: *Llanfairpwllgwyngyllgogerychwyrndrobwllllantysiliogogogoch* – spätestens hiernach kann niemand behaupten, es gebe Dinge, die nicht gesagt werden können. Es gibt natürlich Dinge, die nicht gesagt werden *sollten*. «Ich liebe dich, aber ich kann nicht mit dir zusammen sein» zum Beispiel ist ein Satz, ohne den die Welt besser wäre. Oder «Ich habe ein unbeschwertes Verhältnis zum Faschismus», auch wenn man nach diesem Satz offenbar immer noch Ministerpräsidentin von Italien werden kann. Wenn ein innerer moralischer Kompass, Anstand und Respekt nicht solche Ladenhüter wären, wenn sich also alle daran halten würden, Dinge nicht zu sagen, die nicht gesagt werden sollten, dann müssten wir neben dem Können und dem Sollen über eine dritte Frage gar nicht reden: über das Dürfen. Darf alles gesagt werden? Die Antwort ist natürlich: nein. Ich dürfte zum Beispiel nicht sagen, dass die Nazis die eigentlichen Opfer des Holocausts waren. Warum um alles in der Welt sollte ich das auch sagen wollen? Aber es ist interessant, wieso ich das nicht sagen dürfte. Weil der Holocaust so schrecklich war, natürlich, weil wir Deutschen eine historische Verantwortung haben, weil die Leugnung des Holocausts nichts anderem dient als rechter Propaganda. Und: weil der Holocaust ein Fakt ist. Ein gut belegter Fakt.

Und das ist selten. Der ehemalige FDP-Politiker Ingo von Münch hat 2019 in der Debatte über Gaulands Vogelschiss-Bemerkung gesagt: «Im Grundgesetz steht nicht, das Grundrecht der Fakten ist geschützt, sondern Meinung.» Und er hat recht. Die Meinungsfreiheit steht in Deutschland – auch wenn es Leute gibt, die sehr laut die Meinung äußern, sie dürften nicht mehr laut ihre Meinung äußern – sehr weit oben. Zu Recht. Aber es ist meist überhaupt kein Problem, wenn diese Meinung auf völligem Bullshit fußt. Also klar, falsche Tatsachenbehauptungen und üble Nachrede sind strafbar, aber deutsche Gerichte brauchen schon mal zwei bis drei Instanzen und eine hartnäckige Renate Künast, um zum Beispiel zu erkennen, dass «Dreckschwein», «Drecks Fotze» und «Stück Scheisse» keine Meinungsäußerungen im herkömmlichen und vor allem schützenswerten Sinne sind. Fakten haben keine Lobby. Fakten sind die unterdrückteste Minderheit, die diese Welt zu bieten hat. Sie werden ignoriert, verdreht, geleugnet, mit Lügen totgeprügelt und, wenn alles andere nicht hilft, als «Ideologie» abgetan.

Dafür gibt es zwei Gründe. Erstens: Fakten sind häufig unangenehm, viel zu komplex und störend. Das Lästige an der Realität ist ihre Alternativlosigkeit. Deshalb entscheiden sich Menschen für alternative Fakten. Ich finde das verständlich und sogar ein bisschen klug.

Und zweitens: Fakten müssen erst mal als solche definiert werden. Selbst wenn bei dem berühmten Baum, der im Wald umfällt – übrigens, kurzer Exkurs: Ihr kennt doch diese Frage, oder? «Wenn im Wald ein Baum umfällt, und niemand ist dabei, um das zu hören, macht er dann ein Geräusch?» Was für eine Frage! Die meisten Bäume fallen um, WEIL jemand dabei ist. Jemand mit Kettensäge. Und die ist so laut, dass es ziemlich egal ist, ob der Baum auch noch ein zusätzliches Geräusch macht. Ja, ich weiß, an mir ist eine große Philosophin verloren gegangen –,

wenn nun also dieser berühmte Baum umfällt, und jemand ist dabei, dann kann dieser Jemand natürlich allen anderen Menschen erzählen, dass der Baum ein Geräusch gemacht hat, aber die anderen müssten ihm glauben, weil sie ja nicht selbst dabei waren. Und es kann sein, dass er lügt, weil er zum Beispiel gerade ein Start-up für Noise-Cancelling-Kopfhörer gegründet hat und deshalb von der Angst der Menschen profitieren will, sie könnten plötzlich neben einem laut umfallenden Baum stehen. Obwohl in ihrer Nachbarschaft gar keine Bäume wachsen. Aber so funktioniert es ja: Wer keine Bäume kennt, dem kann man Angst vor Bäumen machen.

Fakten haben einen geringeren Stellenwert als Meinungen. Sie haben sogar einen geringeren Stellenwert als bewusste Lügen. Das ist leider ein Fakt. Sonst wären Pandemie und Klimawandel nicht mehr als anstrengende, aber zu bewältigende Krisen. Wieso also ist das so? Wenn man Kant fragen würde, bekäme man vermutlich die Antwort: «Weil es keine objektiven Fakten gibt. Es existiert keine objektive Wahrheit hinter der subjektiven, und wenn doch, dann können wir als Subjekte das nicht wissen.» Und deshalb fragen wir Kant nicht. Ich weiß, an mir ist eine große Philosophin verloren gegangen. Wir fragen Kant nicht, aber er hat natürlich recht: Wer von uns subjektiven, durch Egoismus und die eigene Weltsicht Getriebenen soll denn entscheiden, was wahr ist? Ich würde es machen, aber ich hab keine Zeit, ich muss noch George Orwell zu Ende lesen.

Die Wahrheit muss demokratisch bleiben. Darum kommen wir nicht herum. Fakten sind verhandelbar, auch wenn es sonst viel einfacher wäre. Es ist der Kern erkenntnisorientierter Wissenschaft, auszuhandeln, was in unserer Wahrnehmung der Realität als Konsens gilt. Ohne Meinungsfreiheit würden wir noch immer an vermeintlichen Fakten von vor Jahrtausenden festhalten.

Deshalb ist die Frage, wie weit Meinungsfreiheit gehen darf und wie weit sie gehen muss, wie gegen Fake News vorgegangen werden sollte, was als Wahrheit und was als Lüge gilt und welche Instanz darüber entscheidet, tatsächlich gar nicht so einfach zu beantworten. Es ist also gut, wenn wir darüber reden. Wenn wir denn darüber reden würden. Stattdessen sagt Anne Gellinek die Worte «Grenzen des Sagbaren» – Worte, die übrigens auch Alexander Gauland 2018 schon für seine eigene Partei verwendet hat, als er sagte, die AfD versuche, «die Grenzen des Sagbaren auszuweiten» –, Anne Gellinek verwendet diese Worte, und alle Kinder auf Elon Musks neuem Spielplatz drehen durch, weil sie jede Grenze der Meinungsfreiheit als Bedrohung der Meinungsfreiheit sehen. Das ist wie bei Marktliberalen, die in jedem Anflug sozialer Marktwirtschaft sofort Sozialismus wittern. Dabei ist es ja bei aller Liebe zur Freiheit gar nicht so übel, wenn eine Gesellschaft ihre Schwächsten schützt und auffängt. Dagegen dürft ihr nichts sagen, das ist meine Meinung!

Einige Leute haben übrigens ausgetestet, wie ernst Elon Musk das mit der Meinungsfreiheit nimmt, und auf Twitter zum Beispiel so was gepostet wie: «Elon Musk muss sterben», lustigerweise mit der Legitimation, das sei ein «Fakt». Wobei ich mir vorstellen kann, dass Elon Musk sogar diesen Fakt anzweifeln würde. Vermutlich geht er davon aus, dass er es rechtzeitig schafft, eine elektrobetriebene Rakete zu bauen, die ihn kurz vor seinem Tod in sein eigenes Vergangenheits-Ich hineinschießt, sodass er sein Leben immer und immer wieder durchleben kann.

Aber im Ernst: Der Kampf für Meinungsfreiheit ist natürlich ehrenwert. Aber wer in Deutschland lebt – oder auf Twitter – und behauptet, das sei der Kampf, der hier gerade ausgefochten werden müsse, dem geht es nicht um die Sache. Wenn die Meinungsfreiheit in Deutschland bedroht ist, werde ich für sie kämpfen. Aber die Bedrohung, die sich jetzt gerade ganz konkret stellt, geht von Hass, Hetze, Fake News, Populismus und Diskursverschiebung aus. Wenn sich die Grenzen des Sagbaren verschieben, verschieben sich auch die Grenzen des Machbaren. Und im schlimmsten Fall werden dann Menschen angegriffen, weil jemand der Meinung ist, die Welt sei ohne diese Menschen besser dran. Das ist ein Fakt. Zumindest ist es meine Meinung, dass das ein Fakt ist. Aber wer weiß, vielleicht will ich ja auch nur meine Noise-Cancelling-Kopfhörer verkaufen. Wirklich, ich kann die sehr empfehlen. Damit könnt ihr euch von all den nervigen Fakten abschirmen.

WIR GEGEN
DEN KRIEG

«Keine Waffen und Rüstungsgüter in Kriegsgebiete.» — Bündnis 90/Die Grünen

*Slogan von Bündnis 90/Die Grünen
im Bundestagswahlkampf 2021*

Liebe Grüne,

netter Wahlkampfspruch. Wirklich. Wahlkampf ist die Brunftzeit der Politik. Alle tanzen albern um uns herum, spreizen ihre Federn, gockeln uns von Laternenpfählen entgegen und wollen sich von ihrer besten Seite zeigen. Dabei ist die beste Seite von Wahlplakaten zu jedem Zeitpunkt die Rückseite.

Die AfD zum Beispiel warb im Wahlkampf 2021 mit dem Slogan: «Lieber ohne Gummi als mit Maske», weil sie offenbar die Laternenpfähle mit Tinder verwechselt und aus Versehen ihre sexuellen Vorlieben auf die Plakate gedruckt hat.

Auch schön war meine Lieblingspartei: die FDP. Oder wie Christian Lindner sagen würde: «Christian Lindner». Deren Wahlplakate waren im Grunde eine 3D-Ansicht von Herrn Lindners Kopf. Es war ein bisschen, als wolle man online eine Vase kaufen und sie vorher von allen Seiten betrachten. Habe ich gerade Christian Lindners Kopf mit einem hohlen Gefäß verglichen, das seine Existenz durch nichts als die Bewässerung von Zierpflanzen zu rechtfertigen weiß? Huch.

Im Vergleich dazu ist euer Slogan, liebe Grüne, ein Genuss. Aber vielleicht einigen wir uns auf: Er ist möglicherweise, nur vielleicht, ein ganz kleines bisschen schlecht gealtert.

«Verehrte Freunde, heute kämpfen wir für eine gerechte und freie Welt. Vor allem für uns selbst, für Russland.»
— Wladimir Putin

Der russische Präsident am 30. September 2022 bei einer Rede im Kreml

Herr Putin,

ich möchte Sie wirklich nicht beleidigen. Im Gegenteil, Ihr geradezu kreatives Verständnis von Gerechtigkeit ist beeindruckend. Mir sind nur zufällig zwei Dinge aufgefallen, die rein gar nichts mit Ihrem Charakter zu tun haben.

Erstens: Wenn man Ihren Namen französisch ausspricht, klingt er wie «Putain».

Und zweitens: Die deutsche Version von «Wladimir» ist «Waldemar». Und wenn man «Waldemar» sächsisch ausspricht, klingt es wie «Voldemort».

Es ist ein erstaunlich kurzer Weg von «Wladimir Putin» zu «Voldemort Putain». Aber ich bin mir sicher, das ist reiner Zufall.

«Ich halte diesen Krieg für einen Fehler der russischen Regierung.» — Gerhard Schröder

Der Lobbyist und ehemalige Bundeskanzler am 9. August 2022 in einem Interview mit dem Spiegel und RTL/ntv in Bezug auf den russischen Angriffskrieg gegen die Ukraine

Herr Schröder,

ich möchte an dieser Stelle mal für Aristoteles' Definition eines Fehlers werben. Der hat nämlich zwischen drei Dingen unterschieden. Also, wahrscheinlich hat er zwischen mehr als drei Dingen unterschieden. Der Mann war Philosoph, er hat vermutlich den ganzen Tag nichts anderes getan, als Dinge zu unterscheiden und ihre Gemeinsamkeiten zu suchen und die Unterschiede in ihren Gemeinsamkeiten und die Gemeinsamkeit ihrer Unterschiedlichkeit. Wie auch immer. Er hat unterschieden zwischen Unglück, Fehler und schlechtem Tun. «Unglück» lässt sich zusammenfassen als ein: Whoopsie, na ja, das hätte ja nun wirklich niemand ahnen können. «Fehler» ist ein: Wie kann man nur so blöd sein, das hätte ich dir vorher sagen können, aber okay, wenigstens hast du es nicht absichtlich gemacht. Und «schlechtes Tun» ist mit vollem, bösem Vorsatz und ohne Skrupel das Nachbarland zu überfallen. Wladimir Putin hat also keinen Fehler gemacht. Er hat schlecht gehandelt, und ihm widerfährt das Unglück, dass die Welt dabei zuschaut.

«Vielleicht kann ich noch mal nützlich sein. Warum soll ich mich also entschuldigen?»
— Gerhard Schröder

Der Lobbyist und ehemalige Bundeskanzler am 9. August 2022 in einem Interview mit stern und RTL/ntv in Bezug auf seine ausbleibende Distanzierung von Wladimir Putin

Oh Gerd,

Du bist ein sehr wichtiger Mann
Was wär die Welt bloß ohne dich?
Der Mann, der Putin stoppen kann
Nur heute passt es dir grad nicht

Wichtig ist: Du bist noch wer
Nicht so wichtig: Wer du bist
Bist jetzt grade vor allem einer
Der nicht so richtig nützlich ist

Ja, Du könntest nützlich sein
Ein Statement gegen den Tyrann'
Die Frage, die sich stellt, ist bloß:
Wann fängst du endlich damit an?

«Dass er [Melnyk] es wagt, unsere nachdenkliche, sehr genaue, zum Teil sehr kenntnisreiche und engagierte Stellungnahme zu vergleichen mit der Zustimmung zu einem zweiten Holocaust am ungarischen Volk, ist einfach ungeheuerlich. Und es sind genau solche demagogischen Stimmen wie die vom ungarischen Botschafter, die ein genaues Hinsehen, eine wirkliche Aufklärung über das, was geschieht, und eine Aufklärung über den heute ganz real drohenden Dritten Weltkrieg verhindern.»
— Alice Schwarzer

Die Publizistin am 29. April 2022 in einem Interview mit der WELT über den damaligen ukrainischen Botschafter Andrij Melnyk

Liebe Alice Schwarzer,

das waren zwei sehr lange Sätze. Das Schöne an komplexer Sprache ist ja, dass sie komplexe Wahrheiten abbilden kann. Manchmal kann sie das besser als einfache Sprache. Manchmal braucht man Fremdwörter und Schleifen und Nebensätze, um Nuancen erkennbar zu machen, um das Absolute einer Aussage zu dämpfen, um ehrlich und differenziert und fair zu sein. Oder, wie Sie, um das Ungeheuerliche einer Aussage zu verschleiern. Ich finde das sehr klug von Ihnen. Zusammengefasst sagen Sie, dass Sie recht haben, der ukrainische Botschafter eigentlich aus Ungarn kommt und er Sie nicht zu kritisieren hat. Vermutlich wissen Sie selbst, dass das nicht die Aussage des Jahrhunderts ist.

Kurzer Exkurs: Ich habe mal einen Liebesbrief geschrieben. Meine Gefühle waren stark und mussten raus, zugleich war ich aber so schüchtern, dass ich auf keinen Fall zu direkt sein wollte. In der ersten Version schrieb ich noch: «Ich liebe Dich.» Aber das ging natürlich nicht. Viel zu krass. Also änderte ich es in: «Ich mag Dich.» Aber selbst das war mir noch zu eindeutig. Zweiunddreißig Versionen später stand in dem Brief: «Würde mir ein Fremder ohne jeglichen Anlass unterstellen, dass meine Abneigung Deiner Person gegenüber nicht vollkommen sei, würde ich – zumindest an guten Tagen – nicht sofort mit einem Messer auf ihn losgehen.» Ist nichts draus geworden. Überraschung.

Diese schüchternen Liebesbrief-Vibes empfange ich bei all Ihren Aussagen zum Thema Krieg in der Ukraine. Es ist, als wollten die unsolidarischen Worte unbedingt raus, aber auf keinen Fall verstanden werden. Auch in Ihrem Brief an den Bundeskanzler. Sie warnen ihn darin vor dem «[...] Irrtum [...], dass die Verantwortung für die Gefahr einer Eskalation zum atomaren Konflikt allein den ursprünglichen Aggressor angehe und nicht auch diejenigen, die ihm sehenden Auges ein Motiv zu einem gegebenenfalls verbrecherischen Handeln liefern.» Wenn man aus dem Satz mal ein paar völlig überflüssige Buchstaben streicht – ganz ehrlich, hatten Sie zu viele davon? –, steht da: «Wenn wir der Ukraine helfen, bringt Putin uns alle um, und wir sind selbst schuld.»

Blöderweise haben das trotzdem Leute verstanden und werfen Ihnen nun Täter-Opfer-Umkehr vor. Ich bin sonst immer gegen Vergewaltigungsvergleiche, weil sie meist sexualisierte Gewalt verharmlosen. Aber ehrlich gesagt: Der Vergleich zwischen einem Angriffskrieg, bei dem Sie verlangen, dass sich das angegriffene Land nicht zu sehr wehren können soll, um nicht noch mehr Gewalt zu provozieren, und einer Vergewaltigung, bei der das Opfer ja schon auch irgendwie selbst schuld ist, wenn es zu sexy angezogen war oder sich zu sehr gewehrt hat, ist leider ziemlich passend.

Ich weiß nicht, ob das etwas über Ihren heutigen Feminismus aussagt und ob es zu Ihrem heutigen Feminismus überhaupt noch etwas Interessantes zu sagen

gibt. Ich weiß nur: Sie machen mir Angst, Frau Schwarzer. Vor dem Alter. Dabei gibt es so viele coole alte
Leute. Aber es gibt eben auch Sie. Und Sie machen mir
Angst vor einem Geist, der selbst nicht merkt, dass er
sich in einem Augenblick von vor dreißig Jahren festge-
hakt hat und deshalb jedes Mal bis zum Zerreißen ge-
spannt aggressiv zu sirren beginnt, wenn ihn ein neuer
Gedanke zu berühren droht.

Das war ein viel zu langer und komplizierter Satz,
um zu sagen: Wenn ich mal groß bin, will ich nicht so
werden wie Sie.

LIVE-TERMINE

www.sarahbosetti.com/termine

TAUSEND DANK AN

Daniel, Pascal, meine Mutter, Steffi, Aidin,
Jan, Elis, Marc-Uwe, Maik, Sebastian, Tilman,
Johanna Langmaack, Clara Polley